平凡社新書
886

日本軍ゲリラ　台湾高砂義勇隊

台湾原住民の太平洋戦争

菊池一隆
KIKUCHI KAZUTAKA

HEIBONSHA

日本軍ゲリラ　台湾高砂義勇隊●目次

日本
基隆
台湾
高雄
太平洋
マニラ
レイテ島
ヤップ島
パラオ諸島
トラック諸島
ミンダナオ島
セレベス島
モロタイ島
ボルネオ島
スマトラ島
ラバウル
ニューギニア
日本軍による空爆
ソロモン諸島
ガダルカナル島
ダーウィン
バヌアツ
シドニー
日本潜水艦による砲撃
インド洋

図1　南洋戦場関連地図

はじめに

本書は、台湾原住民から見た太平洋戦争であり、南洋戦場（図1）である。戦争の状況は複雑で、日本兵を中心とする視点からだけではその実態を明らかにできない。戦場を知るには、複眼的な思考が必要なのである。ここでとりあげるのは、台湾が日本植民地であったがために、日本人、台湾人（現在の本省人）からの差別に苦しみ、台湾の底辺に追いやられていた台湾原住民「高砂族《たかさご》」が、日本軍の一員として米豪連合軍との戦いにいかに巻き込まれ、戦ったかである。太平洋戦争の関連戦史は多く出版されているが、遺憾ながら台湾原住民に言及されることは少ない。その結果、高砂義勇隊それ自体を知らない人も多いだろう。とはいえ、高砂義勇隊は太平洋戦争を多角的視点から考える手がかりを与えてくれる、きわめて興味深い存在なのである。

本書には、戦記物でとりあげられる勇敢な日本軍人も戦艦同士の戦いも、勇壮な日米空中戦もあまり出てこない。主人公は、圧倒的な力量を持つ連合軍に対して、南洋のジャングルで陸軍中野学校出身者の指揮の下、少人数での潜入攻撃を試みたり、ゲリラ戦で地べたを這《は》いずり回りながら戦う高砂義勇隊である。神風特攻隊はよく知られているが、薫《かおる》空挺隊の高砂義勇隊による秘密特攻隊は知られていない（第5章4節）。彼らは、グライダーを用いてアメリカ軍の各飛行場に胴体着陸して奇襲をかけたのである。当初、高砂義勇隊は日本軍の軍属、補完要素として、武器・弾薬、食糧などの搬送に携わり、道路を造り、塹壕《ざんごう》、飛行場を建設するなどの重労働を担った。しかし戦況の悪化とともに、彼らは実質的に兵士へと変貌していった。アメリカ軍によって日本軍の食糧倉庫は破壊され、制空権、制海権を失い、補給は途絶え、極度の食糧不足から、日本兵は次々と病魔に襲われ、病死、餓死していく。こうして、戦死ではなく、病死、餓死が満ち溢れた南洋の熱帯ジャングルを彷徨《さまよ》い、その極限状況下で「人肉食」へと突き進んでいく。この時、高砂義勇隊はどのように対処し、活動したのであろうか。

現在、台湾では台湾原住民が着目されている。台湾が多元的文化の価値を認識し、豊かでより実り多い社会を目指していることがその背景の一つにある。こうした流れのなかで、霧《む》社《しゃ》事件をテーマとした台湾映画『セデック・バレ』（「賽徳克・巴萊」）が二〇一一年に公開された（日本公開二〇一三年）。七億台湾元（日本円で約二五億円）を費やした二部作、四時間半の超大作である。原住民語、中国語、日本語を駆使している。台湾有数の映画賞である第四八回金馬賞で「最優秀作品賞」、「最優秀助演男優賞」など五部門を独占した。山中を自由自在に駆け回り、日本植民地時代に民族の誇りをかけて高圧的な日本討伐隊と戦う台湾原住民の姿、人間性に、台湾ではきわめて高い評価が与えられた。近代化のなかで忘れていた自然や人間性復活に光が当てられたといえよう。

では、ここで台湾原住民について簡単に説明しておこう。日本植民地時代には、台湾原住民は七種族といわれていた（現在は一六種族）。種族名は、一九一二年、台湾総督府の査定により決定された。七種族の性格、特徴はかなり異なる。台湾総督府警務局理蕃課《りばんか》が刊行していた『理蕃の友』（一九三七年一〇月）などを参考にその特質とされたところを見ると、

①　タイヤル族（台湾北中部）　狩猟民族で、「きわめて慓悍《ひょうかん》にして、最も馘首《かくしゅ》の風《ふう》を重んじ、蕃人中の最下等なるものに属す」という。「生蕃《せいばん》」（対語は「熟蕃《じゅくばん》」）といわれ、「近代化」を拒絶し、対清《しん》抵抗、および対日抵抗を繰り返した、最も「野蛮」、もしくは「勇猛果敢」な種族とされた。「馘首」、首狩りの風習を一番重んじている。頭の回転は比較的速く、明るい性格だが、粘り強さにやや欠ける。時局には敏感である。

②　パイワン族（南部）　タイヤル族に近い性質を有し、勇猛で戦闘力が強く、太平洋戦争中はポートモレスビー攻略やゲリラ戦の時、先鋒《せんぽう》を担うことが少なくなかった。

③　ブヌン族（中央山脈地帯）　農耕民族に近い体型で、喜怒哀楽をあまり顔に出さず、タイヤル族よりおとなしい。やや鈍重であるが、きわめて強靭な精神を持ち、辛抱強く最後までやりとげる。タイヤル族よりも強いと自称する。時局などには関心を示さない。

④　ツオウ族（中部）　男の狩猟は卓越しており、女は農業で分業である。ただし開墾は男の仕事であった。時局にある程度関心を示す。

⑤　サイセット族（北部）　七種族のなかで最も人口が少なく、影響力は低い。農耕に長じる。早くから文明化に浴し、性格は温順。時局にある程度関心を示す。

⑥　アミ族（東部）　普通行政地域の平地に居住し、農耕を主とする。母系社会で、子供は主に母の姓を受け継ぐ。女が主体で、重要なことには女が責任を持った。生業も女が継承し、家でも長男より長女が優先で、田畑も姉妹が相続した。性格は穏和、従順、堅実である。山岳地帯での重い荷の搬送は苦手。そのため英雄的な戦功を挙げることができない。ただし歌舞が得意で、戦場では「宵待草《よいまちぐさ》」などの日本の歌をうたい、兵士たちの心を和《なご》ませた。

⑦　ヤミ族（「雅美族」、現在の「達悟族」。フィリピン系原住民とされ、共通言語も多い）紅頭嶼《こうとうしょ》（現在の蘭嶼島で台東県所属）に住み、時代離れした「武陵桃源」の夢のなかに

いるとされた。実際、筆者が小型プロペラ機で台東から蘭嶼島に行き、確認したところによると、半農半漁で、水芋と飛び魚を主食とする、質素ではあるが平和な生活を営んでいたようだ。だが、日本海軍が秘密裏に寄港地や空港を設け、否応なく太平洋戦争に巻き込まれてしまった。秘密基地に気づいたアメリカ軍の空爆に遭っている。戦時期、アメリカ軍は海上の「軍艦岩」を日本軍艦と見誤り、猛爆した、と地元民は笑った。

本書ではタイヤル族を最も重視する。なぜなら、高砂義勇隊は七種族連合体であるが、タイヤル族が中心となり、その勇猛で大胆な性格が隊の性格となった組織だと考えられるからである。なぜならタイヤル族が最も組織力、体力、精神力、情報収集能力、ゲリラ的戦闘力などに富み、生まれもっての軍人的資質を有していたからである。換言すれば、高砂義勇隊の戦闘面での強さはタイヤル族のそれを主に受け継ぎ、それを支えたのがパイワン、ブヌン両種族と見て間違いなさそうである。「タイヤル」（Tayal）とは「宇宙の頂点に立つ真の人」という意味の自称である。しかし、タイヤル族のなかには「セデック」、「タロコ」を自称した種族もいた。だが、台湾総督府がこれら一群は「僅《わず》かに言語の中に聊《いささ》か方言を異《こと》にするもののある外《ほか》は其《そ》の体質、土俗、習慣等に於《お》いて画然たる差異を認めず、等しく同一系統に包含さるべき」として、これらを含めた全体を「タイヤル族」と認定し

図2　台湾原住民分布図（1937年）
盧北麟主編『台湾回想』（創意力文化事業公司、1933年）370頁より作成

たのである。したがって、戦時期を主要にとりあげる本書では、その規定にしたがい、セデック族、タロコ族を包括する概念としてタイヤル族を使用する。

因《ちな》みに一九三七年には台湾の人口五四五万人。そのうち、原住民全体は一五万四一一九人で、そのなかでタイヤル族は三万六六六〇人である。タイヤル族人口はパイワン、アミ両族に次ぐ三番目で、約二四%を占めていた。タイヤル族は「北蕃」と称され、台湾北中部の山地、具体的には台中州能高郡埔里《のうこうぐんほり》以北、花蓮《かれん》港庁付近に至る中央山脈に沿った連山の間に分布した。原住民兵士のうち、太平洋戦争期に勤務成績優秀により兵長まで昇進した者は、タイヤル族が一一人と突出し、アミ族五人、パイワン族五人、ブヌン族一人、ツオウ族一人であった。アミ族も五人と多いが、これは、兵士の心を一つにし、全体をまとめ上げる能力を評価されたのであろう。このように、本書ではタイヤル族を中心に置くが、その他の種族にも目を配りながら、それらの種族の人々もできる限り登場させる。

なお、驚くべきことに、台湾原住民には三つもの名前がある。原住民名、日本植民地時

図3　台湾における行政区画
『台湾警察現労図』（1932年）などより作成

期の日本名、それに蔣介石・国民党政権後の中国名である。統治者の交替によって新たに名前を付けざるを得なかった歴史的産物である。そこで、本書では原住民名を主に使用し、適宜、日本名か現在の中国名を（　）内に書き加えた。中国名だけの者は原住民名が不明の者である。

また、筆者は、高砂義勇隊の実像をビビッドに把握するために、台湾原住民地域の台湾桃園県復興郷でインタビューを実施したが、そのなかで、特に実際に高砂義勇隊に参加し、ニューギニア戦線を戦ったロシン・ユーラオ氏（タイヤル族）へのインタビューを重視し、それを導き手とした。そのうえで、関連ルポルタージュ、当時の新聞記事、防衛省所蔵資料、および台湾の中央研究院所蔵資料などを組み合わせ多角的視点から考察、分析を加え、その全貌解明にチャレンジした。筆者が初めて会った時、ロシン・ユーラオ（以下、原則として敬称略）はすでに九四歳の高齢であったが、当時のことを鮮明に記憶していた。それだけ強烈な体験であったのだろう。会うとすぐに、「高砂義勇隊の精神は「戦いを知り、死を知らず」です。この精神で戦った」と言った。そして、手書きの「義勇隊の歌」（後掲）を渡された。その後も三、四回お会いし、インタビューを繰り返した。二〇一五年三月死去、筆者はキリスト教（「真耶蘇教会」）による葬儀に出席した。

では、ここでロシン・ユーラオの略歴を示しておきたい。

中国名は黄新輝、日本名は「啓田宏」で、大正五（一九一六）年一月四日生まれ。高等科六年、研究科二年を出た後、農業学校で一年間、さらに青年中学に三年通った。当時、青年中学は日本人の学校で、タイヤル族は二人だけだった。計七回の高砂義勇隊のうち、第五回高砂義勇隊に参加した。これには、タイヤル族は角板山《かくばんざん》の四八人のほか、新竹《しんちく》、宜《ぎ》蘭《らん》など台湾中部以北から出征した。その他、ブヌン族、パイワン族などがいた。第五分隊長で、作戦中、第三小隊長となった。一九四二年四月、二六歳の時、高雄《たかお》港から駆逐艦に護衛された輸送船に乗って三日くらいでマニラに着き、そこからパラオに行き、一ヵ月間訓練を受けた。義勇隊は第一線（前線）兵士で、爆破隊、戦闘隊に分けられ、爆破隊所属となった。爆破隊の主な任務はアメリカ軍の道路破壊であった。その他、アメリカ軍の武器倉庫に潜入して火薬を敷設し、爆破する。そのための訓練であった。その後、輸送船や駆逐艦に乗船し、途中の島々でも全部で四ヵ月くらいの訓練を受けた。完了後、四三年三月に戦闘地域のニューギニアに到着。ニューギニアには日本陸海軍が参戦したが、陸軍の第一八軍所属となった。日本人、朝鮮人、高砂族など計八〇万人で、台湾人はいない。そのうち、生還者は九〇〇〇余人しかいない。角板山から行った四八人中、生還できたのはわずか七人であったという。

ロシン・ユーラオから手渡された「義勇隊の歌」は以下のとおり。部分的に他軍歌の歌詞を組み合わせた替え歌であった可能性がある。例えば、「義勇隊の歌」の二番と、日本軍歌「露営の歌」（作詞は内喜一郎、作曲古関裕而、一九三七年）の一番は似ている。なお、この引用は手書きのままだが、振り仮名および（ ）内は筆者が補った。

（一）茲《ここ》は東洋南端の
国を離れて幾千里
東洋守りの其《そ》（の）為に
（二）勝つて帰《かへ》ると勇（ま）しく
誓つて国を出たからわ（は）
手柄を立てずに帰へられ（よ）か
（三）勝つの義勇力を振（る）ひつつ
進む所に敵はなく
英米の首を此《こ》（の）太刀で
（四）雨と降り来る敵丸（弾）を
くぐり抜け行く義勇隊

英米の首を此（の）腕で

（五）胸に輝く金之飛鳥（トビ・鳶）
頬笑《ほほえむ》義勇隊の勇士さ
之《これ》ぞ義勇隊の面目だ

（六）聖戦終はつて豆箱を
迎へる妻子之《の》哀しさ
之《これ》ぞ義勇力之《の》本分だ

一九四一年、中将本間《ほんま》雅晴《まさはる》作詞の「高砂義勇隊の歌」があった。のみならず「義勇隊の歌」は一般募集もしており、複数あった。

なお、本書では主に「台湾原住民」、「高砂族」を使用する。「高砂族」という呼称については日本植民地時代の差別用語ではないかとの指摘もあるが、筆者がインタビューしたワタン・タンガ（林昭明）は、それまで「蕃人」と差別されていたが、原住民の抗日運動である霧社事件を契機に融和策を迫られた台湾総督府が命名したもので、「差別用語ではないのではないか」と強調していた。また「台湾原住民」の呼称は原住民青年が自ら選んだものである。なお、日本植民地時代の呼称である「本島人」とは、漢人系台湾人で主に明清時代に台湾に移住した閩南《びんなん》人（福建省南部）、広東客家《ハッカ》の子孫を指し、現在の台湾人、すなわち本省人のことである。

　また、高砂義勇隊ははじめ軍属であるが、次第に情報戦、ゲリラ戦の兵士に変貌していく。すると、「高砂兵」と表記される場合が少なくない。斉藤特別義勇隊に所属すると、高砂義勇隊員は「高砂兵」、もしくは「高砂義勇兵」と表記される。高砂義勇隊も形式的には「志願」であり、「志願兵」と表記される場合もある。ところが、ほかに陸海軍特別志願兵がおり、彼らも「高砂志願兵」や「高砂兵」と表記される。きわめて複雑であり、そのうえ、第一回から第七回の高砂義勇隊員の少なくない人々が残留し、入り乱れて戦い、かつ陸海軍特別志願兵とも離合集散しているように見える。したがって高砂義勇隊員と分かる場合は、第何回かを付した。史料の引用に際しては、読みやすさを考慮して、原則として、旧字は新字に、旧仮名遣いは現代仮名遣いに直し、適宜振り仮名を付した。

第1章　台湾原住民・高砂族

高砂義勇隊の性格を知るために、その中心となるタイヤル族について説明したい。タイヤル族の神話・伝説、伝統的な組織機構、祭祀、戦闘、「出草《しゆつそう》」（首狩り）に至るまで多角的視点からその習俗・社会を把握する。特に軍事的側面を重視し、対日抵抗においても粘り強さを可能にし、南洋戦場においてもきわめて強力だった。その要因を探りたい。

1　狩猟民としての台湾原住民・タイヤル族

神話・伝説

タイヤル族には「太陽征伐伝説」がある。

――太古、太陽が二つあり、一つが西に没すると、他の一つが東から昇る。草木、水流も枯れ果て、鳥獣の姿もない。そこで、屈強な三人の若者が選ばれ、派遣された。だが、太陽への道遠く、三人は白髪の老人となってしまった。そのため、今度は勇壮な青年三人を選び、それぞれに嬰児《えいじ》を一人ずつ背負わせ、先発隊の応援に向かわせた。応援隊も老いたが、三人の嬰児は立派な若者となり、目的地に到達した。木鼠（リスのことか）の「ウツタシ」（陽物）を矢の先につけて、太陽を射ると、大音響とともに「血塊淋漓《けつかいりんり》」と滴《したた》り落ち、蒼白な形骸を留めるに至った。この射られたほうの太陽を、今では月と名づけている。

この神話には冒険心、勇猛さが描き出され、狩猟民族としての特質が如実に示されている。

また、別の伝説もある。憲兵隊司令部にいた福本亀治（陸軍中野学校教官）は、昭和初期に台湾憲兵部隊に随行して角板山に行った。その時、タイヤル族の住居に一泊したが、タイヤル族の代表者たちは、「太古時代に高砂族の祖先が」日本に行き、「大和民族の祖先となった」、そのことを「誇りを持って居《お》る」と主張した、と書きとめている。また、「高砂族は従来優秀且《かつ》勇敢な民族である」。そして「高砂」は「日本でも吉事を示す場合の祝いの言葉となって居る」と口々に語った（福本亀治「高砂族特別志願兵と陸軍中野学校との関係に就《つい》て」、中野交友会『高砂族兵士と共に――遊撃戦教育と遊撃戦』、一九八二年）。すなわち、タイヤル族は優秀な民族であり、日本人が優秀なのはその血が入っているからだと信じ、日本人に親近感を持っていると主張しているのである。

ガガと戦闘組織

タイヤル族の社つまり部落は伝統的にガガ（Gaga）を基本単位として構成され、実に統制がとれていた。ガガは、「共生共死」・「団結一致」の生命共同体・運命共同体としての特質を有する。その重要な柱は、「血族集団」、「祭祀集団」、「地縁集団」、「共食集団」であり、「共同労働」、「同甘共苦」の団体精神を発揮する基盤となっている。この結果、部族間の団結は強固で、各社頭目の上に総頭目を有し外敵に対して常に部族一団となって当たる。共食団体とは牛肉、山肉（猪や鹿などの肉）などを構成員全員で分ける団体のことである。

タイヤル族各社のガガで最も重要なのが祭祀団体と狩猟団体である。

祭祀団体は祖霊祭などを共同で執りおこなう。ガガで最も拘束力と権力を有する団体である。道徳、社会規範の最高維持・審判機構でもある。

狩猟団体は共同で狩猟区を有しており、集団狩猟の時には、皆、分担協力する。狩猟団体の領袖《りょうしゅう》は世襲ではなく、才能や武勇が評価され、衆人の支持を受けてその地位に就く。「出草」や戦闘の際には、領袖が動員の指揮者となり、その権利は部落頭目と並び立つ。

各社（部落）・ガガごとに頭目が一人おり、これが社の核心である。その職責は、①対外的な全権代表、②社内部の調停・協調、③祭祀や狩猟の責任者、④族群の第一生命源としての土地の防禦のため他族群と戦闘するかどうかの決定である。また、共同利害によって部族間で連合し、外敵に対して攻守同盟を結ぶ。

部落同盟は近隣部落との連合組織である。その役割は、外敵に対する共同抵抗にある。部落同盟頭目会議が最高権力組織で、主な役割は同盟部落への共同支援であり、また敵との講和、土地割譲・境界設定を決めることである。

日本軍所属の際に示された、規則や命令に対してそれを忠実に実行する性格、上意下達の精神は、こうした習俗・社会生活によって培《つちか》われていたのである。また、少ない食物を分け合って全体で生き延びようとする姿勢は、南洋戦場でもいかんなく発揮された。

家族制度にも簡単に触れておきたい。タイヤル族は一夫一婦制であるが、父系社会で男至上の家長制で、長幼の序が厳格であった。男は幼少の時は母親が撫育《ぶいく》するが、八、九歳頃になると、父親が薫育《くんいく》し、神話、伝説、自らの種族の歴史を教え、かつ慣習や制度に習熟させる。また、建築、農耕、狩猟、手細工などの技術を授ける。他方、女は母によって八、九歳頃には炊事、機織《はたお》り、家事を覚える。このように男女の区別、性的分業は明確であった。主食は粟《あわ》、米（陸稲）、蕃薯《ばんしょ》である。

2　タイヤル族の戦闘

戦闘員としての資質と戦術

タイヤル族は戦闘員の特質を有していた。男は狩猟者であり、同時に「戦士」であった。武器は銃（モーゼル銃、村田銃、レミントン銃、管打銃、火縄銃など）、蕃刀、槍などが主であり、特に銃を所有していないと恥とする。女は武器をとって敵と戦うことはないが、戦闘のための食糧準備、負傷者の看護など後方支援に当たる。このように部落全体が一つの軍隊といえる。「男は山地戦闘で卓越した能力を持つ兵士」（台湾総督府台湾旧慣調査会）であり、少数で大量の清軍をうち破り、また、日本統治初期には、日本討伐隊に対して数ヵ月も連続して抵抗を続けた。幼い頃から山野を駆け回り、身体は強健で、かつきわめて敏《びん》捷《しょう》なうえ、敵に対する知識も緻密で、警戒も厳しい。彼らは潜行が巧みで足跡を残さない。なぜなら敵地では、樹根、岩石の上を歩き、河を渡る時は砂地を避け石の上を歩く。また、彼らは森林を通る時、草むらに潜入し、全神経を集中して耳をすまして周囲をうかがい、わずかな音すらたてない。そのため、敵はすぐ近くまで来ても、その存在に気づかない。

敵情を偵察し、すぐに殺害するか、あるいは全隊に報告するかを決定する。彼らは勇敢ではあるが、死を軽んずることはない。「出草」や戦闘で敵の多くの首級をとった者が勇者であり、尊敬を受ける。このようにタイヤル族は、昔から台湾で「ゲリラ戦」を戦っていたのである。

では、敵（「外族」）とは何か。それは時代・状況によって、清朝軍、日本軍・警察隊、閩南人、広東客家などさまざまであり、それらとの間で激しい戦闘を展開した。この際、ガガの群体は厳密な規律ある戦闘体となる。勇敢さと犠牲は不可欠なものとされ、抗敵の責任は群体の各構成員・成年男子に課せられており、皆「戦士」となる。尚武で戦闘を好むタイヤル族は、清朝統治、日本統治を頑強に拒み、抵抗した。しかしとりわけ強力な「外族」には、頭目別では対処できない。代表部族がその他の部族と連合して対抗する。戦闘開始は部落頭目、あるいは部落群体の公意であり、部落や部落同盟が議決する。平時における狩猟団体が戦闘動員組織の単位となり、狩猟団体領袖が戦闘指揮をする。戦闘によって人数は異なるが、七、八人から二、三十人である。

戦闘の目的は、以下に大別される。

① 敵部族の「出草」などの情報をキャッチすると、対抗行動をとる。

② 狩猟場が侵された時、共同防衛をする。

③　首を狩られた場合、集団で報復行動をとる。
④　和議に失敗した場合、戦闘を再開する。

戦術は、ゲリラ的で神出鬼没であるが、同時に組織的でもある。前衛部隊、突撃部隊、後方部隊に分ける。前衛部隊が敵情偵察後、布陣を決定する。突撃部隊が戦闘を開始すると、前衛部隊が敵の側面に回り込み、後方部隊は敵の乱れに乗じて敵社に侵入、攻撃する。また、風向きを見て敵陣付近の草原や竹林に火を点《つ》け、突撃する。数的に劣勢な場合が多いため、自然の要害に陣を布《し》き、敵を誘い攻撃する。例えば、一九一二年一一月、日本討伐隊を迎撃した時、その先鋒部隊を某地点まで前進させた後、突然、後方との連絡を切断し、全滅させた。その他、茅原の中に尖らせた竹を斜めに刺しておき、敵の胸腹を狙うとか、岩石を狭い道の上方に並べ、樹木の弾力や投石機を利用して、敵に石を落下させる、また、塹壕を掘り、竹を組み、上を樹木で覆い、そこから射撃するなどの戦術をとった。ただ、塹壕は日本軍の塹壕にヒントを得たとされる。

「出草」と狩猟

タイヤル族には、「出草」という首狩りを目的とする生命を賭した戦闘行為があった。

タイヤル族の主張では、それは「昔、日本の武士が戦場において一番首を獲ったことを名誉とするのに等しい」。ところが、時代が異なるとされ、「野蛮人」の汚名を着せられるのは心外だ、ということだった（ガヨ・ウープナ〈日本名「和夫」〉へのインタビュー）。「出草」前夜、「家族と一緒に一晩中泣きあかした」、また、日本人の出征は盛んに歌って祝うが、タイヤル族は「歌ったりすると縁起が悪く、黙って準備せぬと負ける」などと考えていたという証言もある。なお、「出草」前は水杯《みずさかずき》で、酒は飲まない。

では、「出草」は何のためにおこなうのか。多くが土地・狩猟テリトリーの防衛のためである。しかしそれは同時に、尚武の神聖な行為であり、男子が栄誉と社会的地位を獲得する主要手段でもあった。未だ馘首できない男子は顔に入れ墨を入れることができず、女に軽蔑され、結婚できないなどのマイナスを負った。農業が不作だったり、狩りでの収獲がない、あるいは伝染病が流行した時など、神の加護を得るのに不足しているとし、馘首により神に祈ることもあった。

タイヤル族は「出草」の際、夢占いをした。出発の前日の夜の夢が「吉」ならば、出発する。また、鳥占いもする。敵の首級から切り取った髪を銃の柄《え》に縛りつける。そして、クイック鳥（どのような鳥なのか不明）の飛ぶ方向と鳴き声から吉凶を占う。「吉」と出れば、「出草」を準備する。かくして、「出草」隊は出発し、敵部落付近に宿営する。敵社に通じる道に一部を潜伏させたうえ、一部が銃を発しながら突撃し、それを合図に皆で包囲する。敵が倒れれば、その首を斬り取り、首袋に入れる。部落に戻ると、入口に設けられた「敵首棚」に、獲得した敵の首級・頭蓋骨を並べる。

敵の首を並べることとは、その部落が強力な戦力を有していることを顕示し、敵に軽挙妄動、報復をしないようにと警告する、という意味があったとされる。強者の霊によって悪霊に対抗する、との意味もあった。部落内で疾病、飢餓などが発生した場合、それは部落の精神力減退による悪霊侵入を意味するので、それを首を斬られた強者の霊で鎮めるのである。

これらの蓄積された経験は。南洋のジャングルで大きな意義を持った。鳥占いの習俗は鳥が羽ばたき、飛び去るといった動きから、米豪連合軍の動向を敏感に察知、予測することに役立ち、これは日本兵を驚かした。また、連合軍は圧倒的な武器の力量で日本軍を攻撃し、多数を殺害したが、それに対して、少数とはいえ首狩りは、連合軍兵士に大きな衝撃を与えた。

また、狩猟も戦闘訓練となり、戦闘能力を高める作用があった。狩猟法には「動態」、「静態」、「逸態」の三つがある。「動態」は黒鹿、猪などの獲物を猟犬に追跡させ、その後、包囲するなど激しい方法をとる。狩猟する人数は一〇人くらいで、それ以上多い時は役割を分担する。「静態」は、ムササビ、リス、渡り鳥などが集まる場所で待つという方式。

「逸態」は、罠を仕掛けるやり方で、その間には農作業などに従事することもできる。黒熊、黒鹿などの大型野獣に対しては上から大石を落として押しつぶしたり、あるいは輪を作り、樹木をバネとして引き上げる罠を用いる。ハクビシン、ヤマネコ、センザンコウなどの中型野獣に対しては、紐、鉄輪《かなわ》などで首・頸椎《けいつい》を押さえる罠を仕掛ける。

これらの狩猟法、罠の経験も、後に極度の食糧不足にあえぐ南洋戦場できわめて大きな効力を発揮し、高砂義勇隊員自身はもちろん、多くの日本兵、朝鮮兵の命を救った。

3 タイヤル族の風習

タイヤル族の風俗・習慣のうち、特徴的な点について述べておこう。まずは武器である。

蕃刀

ガヨ・ウープナ（日本名「和夫」）は次のように筆者に語った。

「日本の植民地にされた対日抵抗時期には、日本人の首を蕃刀で相当とった。日本刀は両手で切るでしょう。蕃刀は片手でいい。頭の髪の毛をつかんで、サッと切る。切れる。

……山に猪狩りに行くと、まず犬を先に行かせる。犬は速度が遅いけれど、持久力がある。猪は猪突猛進で、猛スピードで逃げるが、持久力がない。そこで、猪は弱ると、犬を待って反撃しようとする。だが、犬に吠えられている間に、人間が到着する。猪は人間に突進してくる。猪の頭は尖っている。蕃刀でも頭蓋骨を刺すことはできない。だから、下から胸を狙い、心臓を一撃する」。

銃普及以前、もしくは日本による銃管理の時期、こうした猪狩りをしていたのであろう。

筆者は大中小の蕃刀三振りを見せてもらった。ずしりと重い。日本刀と異なり、柄《つか》と刀身は分離せず、全体が同質の一つの金属（鉄と亜鉛の合金か）で造られている。柄の部分は空洞である。大刀は一メートル余り、中刀は五〇～六〇センチ、小刀は三〇センチ程度であろうか。小刀は棒を柄の空洞に差し込めば、槍や長刀のように使える。

蕃刀は「戦士」のシンボル、魂であるのみならず、南洋戦場では戦闘から建築、ジャングル内で草木を払いながらの道路構築、狩猟、さらには料理、散髪、髭剃りにまで使用できた。蕃刀は万能で、用途は驚くほど多い。

入れ墨

タイヤル族（セデック族、タロコ族を含む）の入れ墨は有名だが、台湾原住民のなかではタイヤル族のみである。男の場合、唇の下の入れ墨は一五歳頃になされる成人の証《あかし》であり、額の入れ墨は「敵二人」、例えば台湾人の閩南人、平埔《へいほ》族（近代化を受け入れた原住民、「熟蕃」）、日本人の首を狩った時に入れた。

ガヨ・ウープナは筆者の質問に答えて語っている。「男は額と顎。女の場合、苦労しても耐えられるように顔いっぱいに入れ墨をする。入れ墨がないと嫁にいけない。入れ墨を入れるのは、転がり回るほど痛いし、一ヵ月もかかる。女は入れ墨の範囲が広いからたいへんだよ。刺すと腫れるけれど、薬もないよ」。結局、男女とも入れ墨をしていなければ、結婚できない。入れ墨は男は額と顎に、女は額と頬に施す。つまり額は男女とも同形で眉《み》間《けん》に一本入れる。男の顎は成年に達し、馘首成功後に入れ、女の頬は通経後に施される。男女とも施術は専門の女の小屋で受け、謝礼を支払う。

なお、入れ墨は日本植民地下で原則として禁止されたが、当初、効力は弱かった。後述（第2章）のごとく陸海軍特別志願兵に合格するには、入れ墨をとる必要があるとの噂《うわさ》が流れたことにより、原住民青年はそれを除去しはじめるようになり、次第に減少していった。それでも完全になくなったわけではなく、入れ墨を入れたまま南洋戦場に向かった者も一定数いたようである。現代の各国軍隊で、戦闘の際、兵士がカモフラージュのため顔に迷彩色を塗る場合が少なくないが、高砂義勇隊員のなかには本物の入れ墨を入れた顔でゲリラ戦を戦った者もいる。夜間、そうした義勇隊員が連合軍兵舎を襲撃した際、闇の中から入れ墨をした男たちの顔がヌッと現れるのだから、米豪軍兵士は戦慄を覚えたに違いない。

犯罪と刑罰

タイヤル族の刑罰は厳しい。近代的な法がないと指摘されるが、独自な法・罰則・規則を有していた。例えば、最も罰が重いのは、妻が姦通《かんつう》した場合で、相手の男とともに妻を斬殺する。犯罪は大きく五種に分けられる。①殺人傷害罪、②財産侵害罪、③姦淫《かんいん》罪、④侮辱罪、⑤反逆罪である。

刑罰は四つに分けられる。

①　死刑：被害者の復讐に任せる。殴殺、溺死《できし》など。
②　体刑：殴打、指や耳の切り落としなど。
③　自由刑：部落から放逐するか、絶交などにより孤立化させる。
④　贖刑《しょくけい》：犯罪者が布、および酒、猪などを罰として差し出し、ある部分を被害者家族に、ある部分を犯罪者の同族が共に食し、厄払いをする。

特異なものとしては、狩猟判決という「裁判制度」のようなものがあった。部落内、または部落間で係争が起こり、双方が譲らなかった場合の裁判制度で、当事者の双方が出猟し、獲物数によって黒白を決する（昔は「出草」による馘首数で勝負を決した）。各種族のなかで、特にタイヤル族がこれを重視した。それも一回の狩猟に留まらず、不服な場合、控訴して二回目の狩猟をおこない、三回までおこなえる。そして、最後に獲物の多いほうが勝利する。台湾総督府警務局（これは総督府の部局の一つであるが、その下に理蕃課があり、警察機構が原住民統治・対策に末端まで大きな力を浸透させることを可能とした）の瀬野尾寧によれば、神の力を占う狩猟によって解決を図るというのが、「社会の公安を維持すべき手段として苦心の末にできた一つの制度」であった（「陋習《ろうしゅう》何故に改むべきか」『理蕃の友』一九三三年二月）。だが、狩猟を原則として廃止するのが理蕃方針であった（理蕃とは、原住民を教化し、その生活安定を図り、「一視同仁の聖徳」に浴《そ》せしめることである。すなわち日本に同化させる目的がある）。日本は原住民の対日抵抗力を削ぎ、かつ農業生産量を上げるため、タイヤル族など狩猟民族を完全な農耕民族へと強制的に転換させることを企図したのである。

ともあれ、統一した組織的行動が求められる軍隊のなかで、特に南洋戦場で活動するのに、彼ら独自な組織機構、法令・規則、「罪と罰」を明確に有していたことが有利に働いたと考えられるのである。

理蕃政策と銃回収

ここで日本による台湾統治について、後の叙述に関連する重要な事柄を一つだけ見ておこう。銃の問題である。

銃と蕃刀は台湾原住民の魂である。

蕃務総長大津麟平は「蕃人罪なし。銃を握って罪あり」と述べ、彼らが凶暴性を脱せず、理蕃上の禍根となるのは彼らのもとに銃器があることだと断じた。

——だが、銃は生存や儀式のために生命同様のもので引き揚げは容易ではない。元来、武力による強制的な押収と提出があるが、提出といっても半強制的なものである。この他、買い取る方法もある。ともあれ統治上、一日も早く理蕃の成果を収めるために銃引き揚げは不可欠である。

このように、日本が理蕃政策で最も悩んだ一つが原住民が所有する銃の問題であった。結局、銃を各種方法で回収し、駐在所が管理し、狩猟の時、期限を切って銃弾数を制限して貸し出す方式をとった。例えば、「出草」が台湾総督府に禁止された後、狩猟期間が決められ、駐在所に銃を申請し、一人当たり銃弾三発を受け取る。山にこもり、猪を猟犬で追い込み銃を撃つ。帰宅後、猪を解体し、駐在所と隣近所に配った。なお、銃を破壊したうえで、銃身と柄を返却する場合もあった。タイヤル族はそれを再利用し、ゴムで矢が飛び出すように改良し、小動物を射るのに用いた。ともあれ銃は回収されたが、原住民の手元には蕃刀が残った。

4　日中全面戦争の勃発と台湾原住民——「吾も日本人」

さて、こうしたタイヤル族を中心に高砂義勇隊は構成されたわけだが、それについて、この時代の台湾社会の歴史的背景を押さえておかなくてはならない。それは、日本植民地統治下で、内地人（日本人）が一等国民、本島人（漢族系台湾人で、閩南人、広東客家。現在の本省人）が二等国民、台湾原住民は三等国民と位置づけられていた、ということである。こうした差別が厳然と存在し、台湾原住民は劣等感に苦しんでいた。

高砂義勇隊構想が具体化に向けて動きはじめるのは一九三七年七月、盧溝橋事件を契機とする日中全面戦争の勃発以降である。理蕃課「時局下の高砂族」によれば、——「殊《こと》に今次支那事変（盧溝橋事件）が起るや……同族先人の過去の罪状を悔い恥ずると共に、……今や全島各地に「吾も日本人なり」」とする者を輩出した。四〇年間の日本統治下で

「今や蕃山到る処、旧態を脱し、君が代を歌い、国語（日本語）を話し、真に皇（民）化」するに至った。台東庁下高砂族は「南支戦線」の進展に伴い、その願いはますます高まり、五〇〇人余が各郡役所に殺到した。志願者たちは「国家のため」に忠誠を誓い、一族、蕃社の名誉にかけて座り込んでいる（台湾総督府臨時情報部『部報』八九号、一九三七年一一月）。

特に台北州、新竹州、および台中州北部、花蓮港庁北部に住むタイヤル族が、各種族のなかで「最も進化（日本化）している」という。日清戦争後、日本への台湾割譲が決められた一八九五年の下関条約後の台湾植民地化に対する対日抵抗時期には「最も野蛮」とされていたその評価が一変しているのである。例えば、新竹州タイヤル族は一万二四九〇人で、「我々高砂族が今日のような生活が出来るのは、天皇陛下のお蔭であるから、国防献金は何時《いつ》でもする覚悟です」、「昔支那の隘勇線《あいゆうせん》（清朝時代に漢族居住地域との境界線に土塁を築き原住民を隔離した、その境界線をいう）のあった頃、吾々と和睦《わぼく》するといって騙されて殺されたことがある。支那人は……悪者です」、「吾々タイヤル青年も選抜して是非出征させて頂きたい」と口々に訴えている（「時局下の高砂族」同前）。

台湾総督府官房情報課もその点を強調する。「支那事変が中支、南支に波及拡大すると共に、台湾では軍の要請により多数の本島人を軍夫或いは軍農夫として大陸方面に派遣することとなった」。軍夫は軍人ではないが、「軍人とともに第一線で活躍する準戦闘員、銃なき戦士」である。「本島人青年にとってはこれこそ初めての栄誉であり、希望であった」とする。これは日中全面戦争を指しており、かつ対象は原住民ではなく、本島人である。

これに対して、理蕃職員もこう強調している。

――原住民各地方で家長会、青年会等で、またはラジオ、談話、時事写真などにより常に時局に対する指導をしている。その結果、「我が国の公正なる態度」と「支那側」への不信から「先覚の(原住民)青年層」は出征を希望する者すらある。その結果、各地方とも積極的に勧説しなくとも、戦勝祈願、防空監視、国防献金、慰問金の醵出《きよしゆつ》、応召兵《おうしようへい》の見送り、千人針の作製をしている。時に疑念を懐く者もいるが、適切な指導をしている。彼らは往時「支那人」に欺瞞され虐待された反感と、「牡丹《ぼたん》社討伐」時代(一八七四年、台湾蕃地事務都督の西郷従道《さいごうつぐみち》〈隆盛の弟〉が牡丹社のパイワン族を攻撃した。日本では一般的に「台湾出兵」、過去には「征台の役」と称す)より「領台」(一八九五年の日本への台湾割譲)当時までの「支那兵」を知るのみで、その認識は稚気《ちき》に富む(なお幼稚である)。この点、指導教化を等閑視し得ず、今日こそ彼ら教化の絶好の機会である。

このように、盧溝橋事件を契機に台湾原住民への皇民化政策が強化されたこともあり、それまで以上に、日本人意識が強まり、「戦勝祈願」がおこなわれた。銃後の彼らの具体的な動向を見ると、

①　戦勝祈願：原住民地域には、佐久間神社をはじめ社祠、遥拝所などが六五ヵ所あるが、教育所児童や男女青年団などを中心に、警察官の指導下に熱心に戦勝祈願をしている。
②　軍夫志願：高砂族青年のなかには、時局を認識し、殊《こと》に本島人が軍夫として従軍したと聞いて、同じ「日本国民」でありながら、なぜ高砂族が採用されないのか不満を抱く者も少なくない。軍夫志願は特にタイヤル族が多いが、すでに各種族を通じて六〇〇人余に達し、さらに増加傾向にある。原住民は本島人からも差別を受けていたようで対抗意識もあり、平等に扱われることを熱望していた。
③　国防献金・慰問金：総督府の方針により、特殊地域として保護下にある高砂族の献金、慰問金については、現地職員がこれを不必要と（説諭）しているが、平地の状況に刺激され、願い出る者がいる。多い順に台北州では二三五八円、新竹州では一三一二円、台中州は六六〇円、花蓮港庁は三三二円などで計九四九一円である。その他、米、落花生《らっかせい》、里芋、および慰問袋、褌《ふんどし》なども持ち込んでいる。
ただ、この段階では、台湾の日本当局には、植民地経営過程における原住民の激しい抵抗という強烈な記憶が残っており、日本軍での使用を実現するには至らなかった。軍隊内での原住民とのトラブル、反乱などを危惧していたといえよう。

第2章　高砂義勇隊の成立

1　高砂義勇隊の概要

日本と中国との全面戦争が開始された後、長くを経ず、世界状況は大転換を見せた。日本は太平洋戦争に突入し、本格的な南進を開始したのである。そこが高砂義勇隊の戦場となるのだが、ここで、まず高砂義勇隊の全体像を示しておきたい。

高砂義勇隊は大隊長をはじめ軍人ではなく、当初、警察関係者に率いられた。第五回からは警察関係者に率いられた場合もあるが、陸軍中野学校関係者に引き渡され、その訓練を受けてゲリラ隊となる。一九四二年三月から四四年四月まで高砂義勇隊は計七回派遣され、人数は総計三八四三人に上る。

七回の高砂義勇隊

後に第一回高砂義勇隊と称される「高砂挺身報国隊」は隊員五〇〇人、生還数は不明である。太平洋戦争開始直後と考えられるが、一九四一年一二月に編制された。大隊長は台湾総督府警務局警部の中屋敷、中隊長は枝元源市郡警察課員である。四二年三月一五日に結成式、二三日に高雄《たかお》港から出発、フィリピンのルソン島に上陸、バターン半島総攻撃に参加後、コレヒドール要塞を攻撃した。その後、高砂義勇隊には台湾への引き揚げ命令が出たが、そのうち、高雄州出身者一〇〇人（高雄隊）は残留し、南海支隊に加わった。彼らは四二年七月、ニューギニアに行くため、マニラを出発し、ミンダナオ島ダバオに到着、横山与助大佐指揮下の独立工兵第一五連隊に配属された。なお、「高砂挺身報国隊」は、台湾軍司令官本間雅晴の発意で「台湾高砂義勇隊」と改称された。つまり、これが第一回高砂義勇隊である。

第二回高砂義勇隊は隊員一〇〇〇人、生還数は不明である。四二年六月募集、七月に高雄港から出発し、ニューブリテン島のラバウル海軍基地を経て、ニューギニア東海岸のブナに上陸した。南海支隊のポートモレスビー攻撃が開始されており、それを支援した。

第三回高砂義勇隊は隊員四一四人、生還数は一〇人。隊長は伊藤金一郎（階級等は不明）である。三個中隊で構成され、第一中隊は台北、新竹、台中、第二中隊は花蓮、台東、第三中隊は台南、高雄、屏東《へいとう》の原住民青年であった。一個中隊は二個小隊一〇個分隊で構成された。なお、第一中隊は攻撃部隊、第二・三中隊は航空隊に編入された。四二年一〇月、高雄港から出発し、ソロモン群島で戦い、ニューギニアでは飛行場建設や弾薬輸送などを担当した。だが、帰還中に、乗船した輸送船がホーランジャ沖で爆撃され、ほとんどが死亡した。そこで、「幻の高砂義勇隊」とも称され、最も悲惨な運命を辿った部隊となった。

第四回高砂義勇隊は隊員二〇〇人、生還数七〇人。四三年三月一五日、高雄港から出発。海軍特別陸戦隊所属となり、巡洋艦に乗船した。大隊長は台北州警務部理蕃課の馬場警部、小隊長が石丸巡査部長で、彼らは海軍嘱託であり、軍人としての階級はない。二個小隊に分かれ、その下の分隊は各一〇人であった。パラオ島に到着すると、約二〇日間にわたる厳しい海軍式訓練を受けた。その後、ニューギニアのウエワク、カイリル島などに移動した。ボウキョウ島では、四五年になると連合軍が艦砲射撃を加えてきた。

第五回高砂義勇隊は隊員五一六人、生還者一九一人。隊長の鹿毛警部は理蕃課で山地行政に従事した経験を有する。副官の中村数内も台中州の山地駐在所で教育担当を担っていた。引率者一六人、高砂義勇隊員五〇〇人は、四三年四月一八日、高雄港で編制され、第二七野戦貨物廠の指揮下に入り、同日出発。フィリピンのマニラ港に軍票交換のため寄港後、パラオに上陸、約三ヵ月の駐留後、貨物船に乗船し、七月二五日、ニューギニアのハンサに上陸した。マダン野戦貨物廠配属。そのなかから遊撃隊の斉藤俊次特別義勇隊が編制され、陸軍中野学校出身の小俣洋三、中森茂樹両中尉から遊撃隊の訓練を受ける。

第六回高砂義勇隊は隊員八〇〇人、生還数四〇〇人。四三年三月、義勇隊員八〇〇人は海軍特別陸戦隊として台中の堀内部隊に入隊し、飛行場で約三ヵ月間訓練を受ける。海軍下士官の指導下で落下傘部隊の訓練、遊撃戦の夜間訓練が実施された。また、「教育勅語」と『戦陣訓』を暗唱した。四月（六月か）高雄港から輸送船で出発。この時、日本からの兵士八〇〇〇人がすでに乗船しており、総勢一六〇〇〇人となった。マニラ、パラオ島などを経て、南方戦線の日本軍基地のあるラバウルに到着。ここで義勇隊員はラバウル待機、ニューギニア行きと、ガダルカナル島の近隣のブーゲンビル島行きに分かれた。

第七回高砂義勇隊は四四年四月募集、四二九人、生還者百数十人。七月、高雄港から出発、ニューギニア、ウエワクに。第六回、第七回になると、高砂族青年は少なくなり、前回不採用者も「志願」により行けるようになった。だが、この時期になると志願者も減り、日本人警察、学校の教師らが、学校、家庭、社会で義勇隊参加への圧力をかけ、強制的になった。

ところで、第一回高砂義勇隊は五〇〇人中、任務完遂後、全員が同時に帰還できたわけではない。そのうちの一〇〇人は南海支隊に加わり残留し、その後、ミンダナオ島で独立工兵第一五連隊所属となり、戦いつづけた。生還数が「不明」の義勇隊も第一回、第二回、

第五回と少なくないが、死亡率が高く、とりわけ第三回は四一四人中、生き残ったのはわずかに一〇人であった。第六回の八〇〇人中、半数が生還できたのはよいほうであった。なお、四三年四月の第五回では、ゲリラ戦を本格的に実施するため、中野学校出身の軍人から指導・訓練を受けることになる。何回も各義勇隊員として参加している者や、死者が多くなると、現地で合併した場合もあるようで、複雑である。そのうえ、後述する陸海軍特別志願兵、徴兵制により徴兵された原住民もおり、さらに複雑となる。それらが離合集散して戦った。なお、四五年の高砂義勇隊六〇〇〇人は結局、海上補給路が断たれ、南洋に派遣できず、訓練中の義勇隊員はそのまま台湾防衛に当たることになった。そのため、回数に入れられていないが、いわば「第八回高砂義勇隊」といえようか。

高砂義勇隊の起点と成立の背景

高砂義勇隊の起点に関しては、諸説がある。「台湾割譲」直後の一八九六年、台湾西部の原住民地域を探検・調査した陸軍中尉長野義虎《よしとら》は、タイヤル族の勇猛さに早くも着目し、台湾総督府軍務局に「義勇隊」編制を上申した。また、霧社事件の際、討伐隊参謀長の服部兵次郎（台湾軍参謀・陸軍歩兵大佐）も、マヘボなどでの戦闘を見て高砂族を軍隊に徴集する方法はないかと考えた一人であった。服部は「彼等の兇暴は誠に憎む可《べ》き」だが、

「純真にして武士的態度の観取」でき、「薫化善導の実を挙げ、将来緩急に際し、我軍の威令の下に軍の一部として第一線で活動させて見たい」という観念が自然に湧いてくる、と述べている（服部兵次郎「霧社事件に就て」『偕行社記事』第六七九号、一九三一年九月）。これらが高砂義勇隊の起点として挙げられているが、そうした説に対して、台湾軍司令部の本間雅晴中将がバターン半島攻略の膠着《こうちゃく》状態を打開するために、その起用を提起した可能性も指摘されている。実際、本間と高砂義勇隊の関係は深く、バターン半島攻撃は第一次作戦として一九四二年一月二日に終わり、第二次作戦は一月一〇日に開始された。作戦参謀が和知鷹二少将に代わり、彼が高砂族青年を戦闘に投入することを決めた。

四一年一二月、太平洋戦争に突入すると、日本は島国の小国にもかかわらず、中国戦場を支えつつ、同時にアメリカとも戦うという両面作戦に入った。すなわち、中国、アメリカという両大陸国家と戦争に入ったことを意味する。かくして、人力、物力、資源の不足という困難に直面した。戦争を南洋まで拡大すると、軍夫不足は深刻で、日本人だけでは不十分であり、必然的に、動員範囲をそれまで以上に、植民地下の朝鮮人、台湾本島人はもちろん、台湾原住民にまで、拡大せざるを得なくなった。

すでに述べたように、日本軍部にとって幸いなことに、台湾原住民に「日本人」意識が高まっており、「大東亜戦争」（太平洋戦争）が勃発すると、原住民側は以前にもまして積極的に呼応する姿勢を見せた。かくして、原住民が日本に敵対する可能性は低くなり、戦争に活用することに問題はない、と軍部は考えはじめた。直接的要因は、日本軍がルソン島に上陸後、物資輸送に大きな困難が生じたことである。そこで、道路や橋の補修、軍需品輸送に関する日本陸海軍当局の高砂族に対する期待が一挙に高まっていたのである。

台湾原住民はその期待に十分応えた。大丸常夫（第三回高砂義勇隊指揮官・小隊長）によれば、高砂義勇隊はあくまでも非戦闘員で、武器を一切所持せず、日常生活のため蕃刀を帯びるだけであった。その作業内容は武器・弾薬、糧秣《りょうまつ》などの積載・運搬はもちろんだが、特に飛行機やガソリンの掩体《えんたい》、道路開設などに当たることが多かった。爆弾が投下される炎天灼熱《しゃくねつ》の下、「くる日もくる日も不平不満の一言半句すら訴えることなく、黙々として敢然任務に邁進《まいしん》」した（林えいだい『証言 台湾高砂義勇隊』、草風館、一九九八年）。

前述のとおり、高砂義勇隊は原則的に兵士ではなく、あくまでも軍属で「非戦闘員」・軍夫であった。このことは、陸軍省副官に出された文書「台湾人軍夫ノ身分取扱ニ関スル件、陸軍一般へ通牒」（一九四三年七月三一日）からも裏づけられる。それには、「左記団体（高砂義勇隊・台湾特設労務奉公団・台湾特設勤労団・台湾特設農業団、および右に準ずる奉公団）ニ所属セル台湾人軍夫ノ身分取扱（イ）ニ関シ疑義ノ向（キ）アルモ其ノ身分ハ傭人ナルヲ以テ一般ニ軍属トシテ取扱ワレ度《タク》依命通牒ス」とある。ただし、高砂義勇隊など

「台湾人軍夫」身分に「疑義」があるとするのは、当初から兵士としての活用を強く主張する勢力が存在したことを示唆する。武器を返還、もしくは与えても、日本に敵対する可能性は低いと考えてのことであろう。高砂義勇隊は一応「志願」であるが、当初、軍夫としての役割が期待された。だが、戦争の推移により、実質的に兵士として使用する必要性が一挙に高まることになる。

日本人警察の役割と原住民の熱気

高砂義勇隊員を集める際には、警察機構が重要な役割を果たした。台湾総督府は各原住民部落にある警察駐在所の掲示板に高砂義勇隊募集の告示を貼り出させた。その待遇はかなりよく見えた。高砂義勇隊員の選抜は、家庭環境、健康状態、素行などを勘案して受け持ち警官が割当人員を決定した。後述する志願兵制度とはこの点が異なる。つまり筆記による学力試験は課せられないということである。そして、引率警官も州(庁)警務部理蕃課で希望者を募《つの》り、適任者を選抜した。

警察官の指導と相俟《あいま》って原住民の「日本国民」的自覚は昂揚《こうよう》し、時局を解し、進んで防空監視の任務に服する者、十余里の山道を遠しとせず出征軍人を見送る者、あるいは軍人遺家族の慰問に、神社の戦捷祈願など、その例は枚挙に遑《いとま》がないほどである、とされた。

一九四一年六月二七日、台北市で開催された「志願兵制度実施」祝賀会には全島山地より馳せ参じた高砂族青年代表は二七人にも上った。一二月、米英に対して宣戦の詔《みことのり》が発せられるや「感激の余り祝祭日等に出役《しゅつえき》した人夫賃を献金し、青年男女は命あらば何時でも軍夫に或は看護婦に出動すべしと申し出て、受持の警察官を感動させた。……時も時、台湾軍より高砂族軍夫の供出方《かた》要求があり、総督府は直ちにその編制に着手した」という(台湾総督府官房情報課『大東亜戦争と台湾』、一九四三年)。

こうして、高砂義勇隊の募集が発表されるや異常な盛り上がりを示した。なかには一部落あげて志願する地域、血書志願する者、夫を励ます妻の嘆願、二昼夜頑張りとおしてやっと採用された四二歳の男子、あるいは選に洩れて悲嘆のあまり自殺した若者さえいた。募集者は予定数の十余倍に達するほどであった。陸海軍当局から第二回、第三回の要望があったとはいえ、注目すべきは第一回派遣の戦死者発表直後の第二回、第三回と志願者はますます増加し、「遂《つい》に全島高砂族男子中適格者の殆《ほとん》ど全部がこれに志願した」という状況であったとされていることである。

しかしながら内実はそれほど単純ではない。世代、立場、経験の相違から、日本、もしくは日本人に対する印象に大きな相違があったからである。

例えば、ワリス・ピホ(日本名「米川信夫」。タイヤル族〈セデック族〉、川中島《かわなかじま》〈現在の南投県仁愛郷の清流〉）の場合は次のとおり。

――ある日、警官が兄に対して高砂挺身報国隊に「志願しろ」と言った。当時の警官には逆らえなかった。母は悲しみ、「日本人は恐ろしい人間だから行くな」と反対した（後述するが、第二次霧社事件後の「帰順式」での大殺害が念頭にあったと考えられる）。兄は「日本人である以上、天皇陛下のため国のため死ぬ」と言って聞かなかった。四二年六月、第二回高砂義勇隊の募集が始まると、川中島駐在所の巡査部長が家に来て、私にも「志願しろ」と命令した。そこで、志願の血書を出した。霧社事件での「国賊の汚名を雪《すす》ぐというか、名誉挽回をしようと思う気持ちがあった」。

タイヤル族のロシン・タナ（桃園県復興郷三光村）の場合。

――死んだ父の代わりだった兄が第三回高砂義勇隊に志願したので、母は泣いて止めた。兄は家族の生活を守る大黒柱だったからである。「兵隊に行ったら畑仕事をする者がいなくなり、家の者は（主食の）芋も食べられなくなる」と。それに対して兄は「青年団の皆が志願して行くのに、自分だけが残れない」と言う。駐在所から兄の「戦死」の連絡があった後では、母は毎日毎晩、泣いてばかりいた。警察の人は「兄さんは立派な戦死だ。ザルツ社（現在の三光村の旧部落名）の誇りだ。兄さんは本当の日本国民だ」と言ったが、その後、母は自殺未遂を起こした。

これらの事例から浮かび上がるのは、母は「反対」、息子は志願に「熱心」という構図である。これが、当時、台湾原住民社会における戦争への対応の一つの典型とみなせる。

霧社事件

本書で何度も出てくる霧社事件について、ここで簡単に説明しておきたい。日本植民地台湾で原住民は、日本警察の傲慢《ごうまん》な態度、道路工事や宿舎建設のための強制労働、および原住民婦人を騙す行為に日頃から強い不満を持っていた。一九三〇年一〇月二七日、タイヤル族（現在はセデック族として分離）の「蜂起蕃」が、公学校運動会に集まった日本人の官民、老若男女を襲撃し、一三四人を殺害した。その後、警察局、公共機関、官舎を襲撃、武器弾薬を奪った後、付近の深山に退いた。それに対して総督府は、軍隊、武装警察隊、タイヤル族の「味方蕃」（日本討伐隊支援の原住民）、さらに本島人主体の「壮丁団」など、計二七〇〇人を出動させた。トロック社タイヤル族は討伐隊を案内し、自ら鎮圧に参加した。いわば日本は「夷を以て夷を制す」方式をとり、タイヤル族討伐にタイヤル族を使用したのである。この時、総督府は飛行機まで出動させ、国際法で禁止されていた毒ガスまで撒布《さっぷ》したとされる。五十数日後、やっと事件は終息した。指導者モーナ・ルダオは自殺し、主謀者とみなされた十余人が処刑され、投降を潔《いさぎよ》しとしない二〇〇〇人も集団自殺した。

なお、日本側も軍人二二人、警官六人など計四九人が死去した。その後、三一年四月二四日、いわゆる第二次霧社事件が引き起こされ、「味方蕃」が「蜂起蕃」の生き残りを襲い、二一六人を殺害した。日本が理蕃政策が成功していると考えていた模範地域である霧社で抵抗運動が起こった。そのうえ、原住民エリートとして当局が優遇し、警察に勤めていた巡査花岡一郎（ダッキース・ヌービン）と警手（警丁とほぼ同じ仕事で警察助手のこと）の二郎（ダッキース・ナウィ）兄弟が襲撃に参加していたことにも衝撃を受けた（襲撃を止めようとしたなど諸説がある）。

霧社事件をかろうじて生き残った霧社のタイヤル族の二八九人は二十数キロ離れた川中島に強制移住させられた。駐在所警官三〇人の厳重な警備の下、ここに隔離したのである。その後、「蜂起蕃」の生き残りを捜すため、「和解式」を名目に全員呼び出し、一六歳以上の男をすべて殺害した。その結果、家族は老人と女子供だけになってしまい、農繁期には困り果てた。栄養失調のうえ、川中島はマラリアが有名で子供が次々に死んでいくと、母親は絶望的になり自殺した。その後、霧社の原住民は、日本植民地下で日本に抵抗した「国賊」として非難され、いじめられ、家族は肩身の狭い暮らしを余儀なくされた。しかし、現在、中国、台湾では、日本植民地支配下における原住民の対日抵抗運動として高い評価が与えられている。

強制か志願か

実際のところ、台湾原住民の高砂義勇隊参加は、自ら志願したものだったのか、それとも強制だったのか。これは複雑な問題である。

二〇〇六年八月一三日に筆者が角板山タイヤル族のポート・タンガ（中国名は林昭光）にインタビューした際、彼は、志願は強制ではなく、部族として自ら積極的かつ主体的に決定したものだと強調した。タイヤル族では、頭目が「太陽あって水あれば」と言いだした時、すべてが決定されるという。「太陽」と「水」とは「人間の生命」を意味し、この言葉によって部族が一つに団結した。高砂義勇隊を結成した時もそうであった。

――あの時もタイヤル族の頭目が「太陽あって水あれば」と言った。だから、タイヤル族は一致団結して高砂義勇隊に志願した。日本によって強制されたものでは決してない。自ら志願したのだ。中国大陸の連中や国共内戦に敗れた蒋介石・国民党とともにやって来た外省人は「強制された」と言っているが、それは間違いだ。

このように頭目の役割は大きく、原住民を円滑に一つにまとめあげたのは頭目だと言っているのである。しかし前述したように「警察には逆らえなかった」という証言もある。この双方の事例から考察するに、警察による「志願」を名目とする強制があったが、それを円滑に進めるには各頭目の同意と協力が不可欠だったということであろう。ただしポート・タンガ自身も、「時期によって異なる。後には強制的なものに変わっていった」と付け加えている。

志願動機——差別解消と外見上の好条件

台湾原住民が高砂義勇隊に積極的に志願した動機の一つは、差別解消にあった。ワタン・タンガ（中国名は林昭明）は筆者のインタビューで次のように述べている。「戦地で勇敢さを示すことで原住民の地位を向上できると考えたからである。これは、とりもなおさず子孫のためでもあった」と。高砂義勇隊に志願した多くの者に同様な心情が働いたものと考えられる。

例えば、ワリス・バワン（中国名は許明貴、タイヤル族、第四回高砂義勇隊、霧社）。

——霧社公学校卒業後、成績優秀であったため、教師となり、原住民児童を教育した。日本人は命令が理解できる程度の日本語教育を望んだ。だが、私は品行や教養も教えることで差別解消を目指した。すでに三回にわたり高砂義勇隊が徴集され、特に第一回高砂義勇隊がフィリピン群島で戦い、ほとんど無傷で部落に戻ってきた。バターン作戦での勇猛果敢な戦闘などが伝わり、日本人警察を含め、部落で盛大な歓迎を受け、尊敬も集めた。

そこで、私には義勇隊参加が霧社事件で着せられた「国賊」という汚名を雪《すす》ぐ絶好の機会に思えた。四三年、一八歳の時、教職を捨て第四回高砂義勇隊に志願した。当時、日本人は「あなたたちは天皇、日本帝国の臣民」、兵になってこそ「真の男となれる」と喧伝《けんでん》していた。私の小さな部落の青年は「軍熱」に浮かされ、四人が応募したが、なぜか私だけが採用された。義勇隊員の条件として強健な精神と肉体、「崇高な武士道」が求められた。

アミ族の周政吉（第二回高砂義勇隊、台東県）は、

――公学校（後述）で学んだ時、日本人校長や教師に「蕃人」と言われた。三七年、盧溝橋事件が勃発して、学校では「戦争英雄」、「天皇に忠」、「犠牲的精神」を教えられた。成績がかなりよかったので、公学校卒業後、教師に抜擢《ばってき》された。ただ日本人校長は相変わらず「阿呆！　蕃人が」と侮蔑した。私の心はかなり傷ついた。学校教師の時、配給制度が始まった。だが、これも差別的で、日本人教師には白米、砂糖だが、原住民教師は玄米と黒糖で、配分量にも差をつけられた。太平洋戦争が勃発した時、日本人校長と教師は両手を挙げて「万歳」と叫んだ。この時、皆、日本が一挙にアメリカを打ち負かすだろうと考えた。私たちの部落にも第一回高砂義勇隊の募集が来たが、私は公学校教師だったので募集に応じなかった。部落出身の第一回義勇隊員は幸いにも無事に全員が戻ってきた。日本当局は義勇隊は従軍期間が限定されていると宣伝した。こうして第二回に応募しようか

と考えはじめた。なぜなら、義勇隊は部落で英雄視され、威張りちらしていた日本人警察も軍人の威厳の前では恭順であり、日本人校長らも不愉快な言動を慎むだろうと思ったからである。そのうえ、給与は教師年収の三倍にもなり、第一回の義勇隊員が帰還した時には、警察の職が準備されていて、長老や女たちの称讃と尊敬を受けたからである。そこで、公学校に休暇願を出した後、志願書を出した。

父は、第二回高砂義勇隊に入るという私の考えを支持し、母も反対しなかった。だが、出発する時、母は目に涙をいっぱいためて私を抱きしめた。公学校の教師、児童、友人、親戚が見送ってくれた。この時、義勇隊員は「男の命」を合唱した。

今宵限りに別れても涙見せるな、男なら
金もいらなきゃ名もいらぬ、男の命は国のため
共に捧げたこの胸に、待つは緑のあさぼらけ

集まった人たちも皆一緒に唱い、手拍子し、見送ってくれた。日本軍に入隊後、新兵は台北三個部隊に編入された。私は軍隊では差別待遇を受けないと信じていた。だが、訓練中、「蕃人め！　馬鹿野郎」と蹴られた。「一視同仁」ではないのか。高砂族も台湾人も皆

日本人であり、「天皇陛下の臣民」ではないのか。日本海軍陸戦隊に編入され、高雄港からパラオ島に行き、一ヵ月訓練を受けた後、ニューギニアで戦った。

ここで簡単に台湾での初等教育について説明したい。一八九八年「台湾公学校令」が発布され、六年制の公学校が設立され、原則として本島人児童がこれに通った（ただし原住民でも頭目の指定で成績優秀者は公学校で学ぶことが許されたようである。また、平地原住民で蕃童教育所がない場合、公学校に入学した）。それに対して、内地人（日本人）児童が通う六年制の小学校があった。これらは師範学校卒の教師が教えた。一方、原住民地域では主に警務局管轄の蕃童教育所（四年制）があり、警官が教えた。一九四一年、日本内地で「国民学校令」が公布されると、台湾の小学校と公学校は統一され、国民学校となり、四三年、義務教育が実施された。他方、蕃童教育所は四二年、六年制となり、特に高雄州の原住民地域には先駆的（実験区）として原住民児童の通う国民学校四校が設立された。なお、この間、上級学校、たとえば師範学校、農林学校、中学校、さらには早稲田大学予科などに進学する原住民子弟も、多くはないが出てきていた。

田来富（タイヤル族〈セデック族〉、第七回高砂義勇隊、霧社）によれば、

――霧社事件後、本島人との交易も禁じられた。眉渓《びけい》駐在所の権力は絶大で、頭目さえも日本人警察を恐れた。警察は横暴で、原住民を見ると、理由なく罵倒し、殴った。それ

が高砂義勇隊に参加した理由だ。なぜなら第一回高砂義勇隊員が帰還した際、彼らは英雄とみなされ、警察でさえも丁寧な態度をとった。日本は義勇隊を各部落で積極的に宣伝し、盛大な歓送会を挙行した。母は涙をためて反対したが、一七歳の時、第七回高砂義勇隊に採用され、海軍の堀内部隊に編入された。五月、台中で日本海軍陸戦隊の訓練を受け、水泳、上陸作戦、射撃、銃剣術など六ヵ月の厳しい特訓を受けた。「大日本帝国軍人」は警察よりも威厳があった。ただし、その時われわれは軍人ではなく、軍属に過ぎないことに気づいた。軍属とは部隊内の雑務係であり、二等兵にも及ばない。六ヵ月台中での訓練後、ニューギニアに行く途中、名も知らぬ小さな島のジャングルで一ヵ月遊撃戦訓練をした。ニューギニアは赤道の南側にあり、輝く南十字星が美しく、台湾の父母を想った。

もう一つの動機は、差別と密接に関連するが、外見上の条件の好待遇である。具体的には、戦時配給の優遇と高給によって家族を助けることができると考えた。

パイワン族のイリシガイ（日本名「平山勇」、第五回高砂義勇隊・猛虎挺身隊）の場合、「高砂義勇隊は軍属だが、月給が三七円だと聞くと、すべてを投げ捨てて志願する気になった」。低収入にあえぐ高砂族にとって破格の賃金であり、魅力的であった。

アミ族の張陳龍明（第五回高砂義勇隊か？　台東県）によれば、

――公学校四年生の時、日中戦争が開始された。公学校教師は「兵士になってまともになり、真の男になる」と教え、学校では「大和魂」、「武士道」などを習った。「忠魂清き香を伝え、長く天下を励ましむ。壮烈無比の三勇士、光る名誉の三勇士」（与謝野鉄幹作詞「爆弾三勇士の歌」）という歌詞を今でも思い出す。四三年、私は一八歳となった。義勇隊募集があり、義勇隊に入れば、「真の男」になれるし、家への配給の量が増える。家族は強く反対し、体格検査で不合格になることを望んだ。だが、私の体格はよく、順調に高砂義勇隊に合格した。家族は部落、警察、友人の説得と圧力の下、涙を浮かべながら出征を見送ってくれた。この後、台湾で訓練を受け高雄から出征し、二日後の夜マニラに着き、その後ニューギニアに移動した。

ツオウ族のボーユー（中国名は石友家。第三回高砂義勇隊、阿里山）は、

——蕃童教育所で簡単な算数、日本語、地理、および天皇中心の歴史を学んだ。四二年初頭、警察が高砂義勇隊募集の告示を貼り出したが、私は一八歳未満で応募できなかった。達邦村の前村長の武義徳が応募し、彼ら義勇隊員の出征時、警察官全員と部落の人々が見送った。威風堂々としており、私は羨《うらや》ましく思った。四二年七月、満一八歳になった。私は、勝利して戻ってきた時、日本人警官を見返せると思った。また、日本人と同様、家族には白米と砂糖も配給されると夢想した。こうして、頭目も父も賛成した。

アミ族の林春義（「拓南勤務隊」、台東出身）の場合、

――第一回高砂義勇隊員が着ていた日本陸軍見習士官の制服に憧《あこが》れていたし、その活躍振りを聞いていていた。兄がすでに第二回高砂義勇隊に参加していたため、父母は私の志願に賛成しなかった。それで義勇隊志願をいったん断念した。結局、四四年、戦争が末期に突入した二〇歳の時、私は父母に「他の男は皆戦場に行っている。俺は男ではないのか」と詰め寄った。ただし高砂義勇隊ではなく、「拓南勤務隊」（「農業拓墾隊」、「農業義勇隊」とも称す）に志願した。この時には、私の意志が固かったことと、また後方勤務ということで父母も強く反対しなかった。その任務は、フィリピンのネグロス島で農田を開墾して、部隊の自給自足を実現することと塹壕掘りであった。

高砂挺身報国隊

一九四一年一二月、高砂挺身報国隊（第一回高砂義勇隊）はフィリピン戦に参加した。その直接的な背景は、朝鮮と台湾の陸軍部隊には輸送と補給を担当する輜《し》重《ちょう》隊がなかったことである。バシー海峡を渡ってルソン島に上陸後、物資輸送には大きな困難があった。そこで、道路や橋の補修、軍需品輸送への高砂族に対する期待が高まった。フィリピンのルソン島に渡った第一回高砂義勇隊五〇〇人は、四二年四月、バターン半島攻撃の日本軍に協力、その一部はコレヒドール要塞の攻撃（後述）に参加した。

ところで、台湾は南洋方面と中国大陸への兵站《へいたん》基地で、日本からの軍艦、輸送船は高雄港で水と食糧を補給してから前線に向かった。四二年三月二三日、第一回高砂義勇隊として台湾全島から選ばれた五〇〇人が高雄港を出発、ルソン島で一週間の軍事訓練を受け、各部隊に配属された。バターン半島攻撃から続いてコレヒドール島要塞の総攻撃に移り、一部隊員は戦闘要員となって敵陣地に突入した。高雄州出身者はミンダナオ島ダバオに送られ、独立工兵隊第一五連隊（別名「横山工兵隊」。鉄道・道路修築工兵隊で陸軍所属、運搬・輸送・通信などをおこなう技術者部隊）に配属された。四二年七月、南海支隊の先遣隊としてニューギニア東海岸のブナに上陸した。

比島派遣軍司令官の陸軍中将田中静壱《せいいち》（軍司令官を本間から交替）から高砂挺身報国隊（第一回高砂義勇隊）に贈られた「賞状」（一九四二年九月二九日）は以下のとおり。

> 大東亜戦争勃発スルヤ、高砂挺身報国隊ハ熱烈ナル赤誠ヲ披露シ、軍ノ要望ニ応エテ渡比シ、勇躍聖戦ニ参加セリ。軍ハ恰《アタカ》モ「バタン」作戦遂行途上ニ在リシガ、報国隊ハ直チニ第一線各兵団ニ配属セラレ、身ヲ砲煙弾雨ノ間ニ挺シテ克《ヨ》ク猛暑ト瘴癘《ショウレイ》トヲ克服シ、困難ナル密林啓開作業ニ従事シ、或《アルイ》ハ率先火線近ク進出シテ弾薬糧秣ヲ輸送シ、或ハ患者後送ヲ援助セリ。（……また、フィリピン作戦が開始されると……）報国隊

ハ直チニ之ニ参加シ、凡《アラ》ユル困苦ニ耐エ道路ヲ構築シ、或ハ軍需物資ヲ輸送シ、寧日ナク健闘セリ。顧ルニ高砂挺身報国隊ハ旺盛ナル愛国精神ト強健ナル体力トヲ以テ良ク軍紀風紀ヲ維持シ、従順良ク軍命令ヲ遵奉《ジュンポウ》シ、犠牲奉公ノ誠ヲ致シ台湾島民ノ名誉ヲ遺憾ナク発揮シ、軍ノ作戦ニ偉大ナル貢献ヲナセリ。

2　陸海軍特別志願兵制度

「募集要綱」

台湾における日本軍への参加について、高砂義勇隊とともに看過できないのが、特別志願兵制度である。一九三三、三四年から、台湾本島人に対する志願兵制度の実施の要望が出ていたが、実現しなかった。三八年一月、植民地朝鮮で志願兵制度の実施が発表された後、台湾でもその要求が高まり、四一年、太平洋戦争の勃発後、兵力不足を補うため、本島人、原住民に対する陸軍、海軍の特別志願兵制度が発足するに至った。同じ志願ではあるが、原則軍夫としての採用である（次第に兵士としても使用されることになるにしても）

高砂義勇隊に対して、志願兵制度の場合、最初から兵士としての使用を目的とする。台湾原住民にとっては、高砂義勇隊、次いで志願兵制が施行され、双方が併行して実施されたことになる。軍内では、特別志願兵のほうが高砂義勇隊より格上と位置づけられた。

陸軍特別志願兵制度の内容を見ると、

① 隊の人数は毎年総督府より指示する。

② 入所時期は毎年六月（前期）と一二月（後期）とし、訓練期間はそれぞれ六ヵ月。

③ 入所者は「年齢一七年以上」の「帝国臣民たる」男子で、陸軍兵役志願者のうち、次に該当し州知事・庁長（一九二六年以降、台湾は五州三庁の行政区分で構成された。したがって、庁長は知事相当職）の推薦した者について、銓衡《せんこう》決定する。志願書は郡守、警察署長または支庁長が綿密な審査をおこなった後、州知事または庁長に進達する。ここで進達に基づいて審査のうえ、適当と認める者につき、身体検査、口頭試問、および学科試験がおこなわれる。

以上の試験の結果により適すると認めた者をさらに訓練所長に推薦する。所長は再び厳格な身体検査をおこない、合格者に対し最終の銓衡をおこない、台湾総督の認可を受ける。

若干重複する部分もあるが、陸軍特別志願兵の「募集要綱」を示しておきたい。

（一）入所者の資格：本島人、高砂族の別なく年齢満一七歳以上の者。身長は一五二センチ以上で、陸軍身体検査規則の甲種または第一乙種に相当する者。学力は国民学校初等科の修了者と、これと同等以上の学力を有する者、志操堅固で行状方正な者。
(二) 志願手続：志願者は入所願書、履歴書、体格検査表を添えて本籍地の郡守、警察署長、または支庁長に提出する。願書受付期間は、昭和一七（一九四二）年二月一日から三月一〇日まで。
(三) 試験は身体検査、口頭試問、学科試験の三つである。身体検査は陸軍身体検査規則に準じる。口頭試問は人物考査を重視。学科試験は国民学校初等科修了程度で、国語（日本語）、国史（日本史）、算術の三科目である。
(四) 給与は、入所中の学資および糧食を給与し、衣服を貸与する。
(五) その他、六ヵ月の訓練修了者は入営資格ができる。入営後の取り扱いは一般軍人と少しも差別を受けない。幹部候補生や下士官志願も許される。

このように、高砂義勇隊と異なり、本島人と同様、資格審査が相対的に厳しいうえ、学科試験なども課せられた。すなわち、各種検査とともに学力が求められた。

施行

志願兵編入者は四月、総督府立陸軍兵志願者訓練所に入所し、課程修了を条件に陸軍特別志願兵志願者とする。昭和一七（一九四二）年度は多数の志願者より厳選の結果、一〇〇〇余名が採用された。その半数を前期生として訓練所に入所させ、修了者は現役兵とし、残り半数は後期生として入所させ、修了者は第一補充兵として兵籍に編入した。また、昭和一八年度には一〇〇〇余名、昭和一九年度は二二〇〇余名を採用し、それぞれ同様に前・後期生に分けた。その他に、高砂族のみの陸軍特別志願兵を、昭和一八年度に五〇〇余名、昭和一九年度に八〇〇余名を採用した。本島人と高砂族双方の陸軍特別志願兵総数は約五〇〇〇余名であった。

　年齢は最低一七歳、最高三〇歳だが、一九歳より二三歳までが多数であった。職業的には農業、官公衙《かんこうが》、各種団体の雇員、事務員、および街庄（日本内地の町村に相当）職員・職工などの順である。学歴は、国民学校初等科修了者が最も多く、次いで同高等科修了者であり、中等学校卒業以上の学歴を有する者も若干いた。

　台湾人口は六五〇万人、昭和一八年度の陸軍特別志願兵の募集は去る二月一〇日に受付を終了したが、「総数六〇万余名」中、台湾で人口比率が圧倒的に高い本島人の人数が多い（九五・四％）のは当然である。ただし原住民地域を含む花蓮港庁や「台本（台東）庁」を見ると、志願者数のなかの原住民数はそれぞれ三八・三％、七四・八％に上り、かつ新竹からは四四〇人もが志願していることが注目される。本島人の負担が大きいように感じるが、台湾で占める人口比を考慮すると、原住民にかなりの負担が強いられたといえよう。
なお、台湾のみならず、日本軍政下や汪精衛《おうせいえい》（兆銘）統治下の香港、広東、汕頭《スワトウ》、廈門《アモイ》方面の在留台湾人（本島人）からも志願者「一〇〇〇余名」を見たという。

志願兵制度の実施決定とともに、本島人（閩南系、客家系台湾人）の青年と平地在住の高砂族青年に対する体力調査が実施されることとなった。同時に未着手な山地の高砂族青少年の体位についても科学的調査をすることが決まった。また、「生活が生む特異性」（『朝日新聞台湾版』一九四一年八月五日）は、高砂族の兵士としての能力、特質についても述べている。石で飛ぶ鳥を落とすほどだが、物を担ぐ力は弱く、平地で歩く時は歩幅が狭く、走らせると、足を高くあげるばかりで遅く、踵《かかと》から先につける癖がある。ただし、歩く時には内地人と異なり、横に並ばず、縦になって歩くので交通上は模範的だ、と。ここでは「物を担ぐ力は弱い」とされているが、実際は強いことが、後に南洋戦場などで立証されることになる。

ところで、一九四二年六月から台北に総督府立陸軍兵志願者訓練所の設置にとりかかるとした。構成員は大佐の所長以下、職員五〇余人である。広大な敷地と営舎、講堂、本館など堂々たる設備にする計画で、予算一二〇余万円が計上された。

志願兵募集を円滑にする意味で警察官（教師を兼ねている場合が多い）のみならず、校長が大きな役割を果たした。例えば、高雄州屏東郡の番子寮国民学校長の瀬尾重武は適格青年の奮起を促すとともに、まず各部落四〇〇戸に呼びかけ、各部落常会で懇談したところ、志願熱が燃え上がったとされる。原住民部落において信頼の厚い校長などが募集に利用され、校長自身もそれを使命と考え、積極的に説得活動を展開したのである。

「模範蕃社」の高雄州屏東郡サンティモン社では青年たちの志願熱があり、頭目や父兄からの深い理解がある。タリヤ・ランイデス（二〇歳）は、「大東亜戦争」の話を先生から聞き、志願兵になりたくてたまらなくなった。一九四二年一二月一六日に血書志願し、正式受付が決まった。「以前は軍夫にでもなれたらどんなに嬉しいかと思っていたが、日本人として一番名誉の兵隊さんに僕たちもなれるというのは夢のような喜びです」と言っている。このように、志願兵制度実施は、従来差別を痛切に感じている原住民にとって本島人と平等に扱われることを意味した。

学科試験

正規の戸籍制度さえ適用されていない高砂族青年たちにとって、本島人青年と差別なく特別志願兵への途《みち》が開かれたことは喜びだった。このことを理蕃関係者も喜んでいるが、ただ問題は学科試験で、国語、算術、国史の三科目が課せられたことである、としている

（「山の青年の悩（み）、窄《せま》い特別志願兵の門」『朝日新聞台湾版』一九四二年一月二二日）。なぜなら「蕃界」（原住民地域）は行政区域外で国民学校制は布《し》かれておらず、四年制の蕃童教育所があるだけで、国史、地理は教えていないからである。つまり学力的に、また教育システム上、なかなか合格できない。土光理蕃課長は、「山の青年たちの感激は物凄い」と言う。高砂族は早婚で、その点が気がかりだが、妻帯者でも資格がある。現在、勤行報国青年隊の台北訓練所に高砂族青年五三人が入所しているが、高砂族はことに腰が強い点が本島人青年より優れている。しかし学科試験の国史がちょっと痛い、と述べた。なお、理蕃課は日本名に改姓名して志願するように指導していたという。

　この点については、「高砂族青年の学力向上に拍車」（『朝日新聞台湾版』一九四二年五月二四日）も傍証となる。記事によれば、高砂族青年の志願熱は高く、四〇〇〇人を超えているが、学力面で本島人青年より劣るため、最後まで残る者はきわめて少ない。総督府理蕃課としては、バターン半島の実例（勇猛な戦いぶり）からも分かるとおり、強くて純真な高砂族青年を一人でも多く第一線に送り出すことを使命と考えた。そこで、理蕃課は来年度から四年制の蕃童教育所を二年延長して六年制に改め、歴史、地理、理科はもちろん、教練もおこなうことにした。この改革のため、現在全島一七九ヵ所の教育所に少なくとも教師一人ずつを増員する、と報じている。原住民青年の志願熱は高く、理蕃課としても戦力として送り出そうと考えていた。学力不足を解消し、試験に合格させるために、その方策として教育所を四年制から六年制とする教育システム改革に着手することになった。このように、頭痛の種であった学力不足についても、改善案が示されたわけである。

これに付随して入れ墨を消すことが流行した。例えば、『朝日新聞台湾版』記事「顔の刺青とって従軍」（一九四三年一二月一二日）によれば、かつて「化外の民」として原始未開のまま放置されていた高砂族が、「撫育《ぶいく》五十年」の苦心、かつて「凶刃」に倒れた警察官は七〇〇〇余名、負傷者一万余名にも上り、その貴い魂と、これら僚友の屍をのりこえてなお撫育の手を止めなかった不撓不屈《ふとうふくつ》のわが撫育精神によって皇恩に浴し、文化程度を向上させたことがその根底をなし、入れ墨を消して従軍を志願するようになったのだ、と。このように、日本植民地統治を自画自讃している。一九一三年には日本はすでにタイヤル族の入れ墨を禁止している。そのため徐々に減少したが、完全にはなくなっていなかった。だが、「帝国軍人」を志願するに当たり、入れ墨があっては不合格になるとの噂が流れ、それを顔から消す治療が盛んになった。そのことは、ある面で率先して自らの伝統を否定していくことを意味した。

高砂義勇隊、さらに志願兵制度は一九三〇年に激しい対日抵抗を繰り広げた霧社をも巻き込んでいった。否、矛盾を孕《はら》みながらも、他地域に比して霧社でこそむしろ受容されていったともいえそうだ。

一九三〇年の霧社事件で殉職した霧社分室の佐塚警部と、タイヤル族白狗蕃頭目の娘ヤワイ・タイモとの間に誕生した佐塚昌男（当時二一歳）は、東勢の国民農林学校を卒業後、霧社農業講習所の助手となったが、三七年一月、宇都宮歩兵第五九連隊に入営した。なお、姉は歌手の佐塚佐和子である。入営に際して原住民部落あげての祝宴が催された。母のヤワイ・タイモは「高砂族である自分の子供が御国の為に出征するなぞ、こんな嬉しいことはない」と涙を流して喜んでいる、と森岡二郎（台湾総督府総務長官）が述べている（「時局下の台湾」『台湾警察時報』二六三号、一九三七年一〇月）。その背景には、総督府が「蕃地融和策」の一環として、日本人と頭目などの有力者の娘との結婚を奨励していたことがあげられよう。その結果、日本人警察官の妻になった原住民頭目の娘は少なくない。その子供が出征することになるのである。日本人の妻となった原住民の娘は、ある意味で日本人以上に「軍国の母」の役割を演じなければならなかった。

下山宏（二一歳）の場合も、サラマヲ駐在所に勤務の下山治平（元台中州警部補）とタイヤル族マレッパ蕃有力者の娘ピッコ・タウレの次男で、嘉義農林学校を卒業後、警手奉職中、父の本籍地である静岡の歩兵第三四連隊に入隊することになった。

タイヤル族「中山清」は「霧社蕃」であったが、霧社事件で「味方蕃」に逃げ込んで警察の保護を受け、後に霧社事件で有名な花岡二郎（タイヤル族）の妻と結婚、川中島で警手となった。青年会幹事を兼ね、皇民化運動に精進した。そして、警察課員四人の出征を見送りながら「御国の為なら自分の身位何でもない」と自ら出征する意欲を述べた（「時局下の高砂族」、台湾総督府臨時情報部『部報』第八号、一九三七年一一月）。

タイヤル族のチアイ・ノーミン（「吉川正義」）は霧社のトレック出身で、巡回映画や『少年倶楽部』の影響から戦争とか歴史が大好きだった。「大東亜戦争」が始まった時、一六歳で「兵隊さんになろう」と決め、勉強を開始した。試験には口頭試問もあったが、「御国のために、天皇陛下のために働きます。命も捧げますと言えば合格する」と思った。「志願する」と言ったら、母は悲しみ、反対したが、父は「立派な日本の兵隊になれ」と激励してくれた。一九四三年六月、吉川は台北州の訓練所に入所、六ヵ月訓練を受け、四四年二月、通知が来て高雄州鳳山の部隊に入隊した。故郷では毎晩「賑《にぎ》やかな歓送会」が続いた（石橋孝『旧植民地の落し子——台湾「高砂義勇兵」は今』、創思社、一九九四年）。

こうして霧社では、特別志願兵制度も喜びをもって迎えられた。「最高度国防国家体制確立に邁進する時、高砂族も国防戦線に馳せ参ぜんとの決意を固めつつ」あり、「母国敬慕の念に燃え、或は軍夫志願に、或は志願兵に、血書して其の赤心を披瀝《ひれき》し」ている。「元来彼等は兵隊になることを最大の憧れとし、誉れとしている。……今、高砂族に志願兵たり得る道が拓かれたのであるから、教化上に及ぼす影響は大であることはもちろん、高砂族にとっても喜び」とするのである（今村孤舟「高砂族進化の現段階と志願兵制度」『台湾警察時報』第三二五号、一九四二年二月）。ここには、高砂義勇隊志願の時のような「反対」や矛盾は少ない。

ただ、やはり差別問題がここにも色濃く影を落としている。例えば、パイワン族のクラサイは特別志願兵の歩兵第一連隊に入隊、陸軍一等兵となった。彼が台南師範学校学生であった時、太平洋戦争勃発で利嘉国民学校に配属され、同僚の女教師と恋に落ちた。そこで、校長に仲介を頼んで彼女の家に行き、縁談を申し込んだ。ところが、彼女の父は「馬鹿野郎、結婚したいって。お前、蕃人のくせに……断る！」と罵倒された。彼女も激しく怒られた。結局、彼女は日本人の男と結婚して、遠くに転勤した。その時、クラサイは「ようし俺は日本の兵隊になって偉くなってみせる」と決意した、という（岡田耕治〈クラサイ〉「モロタイ島戦記」、門脇朝秀編『台湾の山地に旧高砂族を尋ねて』、あけぼの会、一九九九年）。

軍の側では、日本陸軍兵備課「台湾島民供出ニ関スル件」（一九四二年九月）で、副官より台湾軍参謀長宛に「第一七軍兵站要員」の供出を要求している。すなわち、人員は高砂族、本島人各一〇〇〇名で計二〇〇〇名、募集、並びに第一七軍への派遣等は台湾軍の担任とする、とある。それに対して、台湾軍参謀長は「軍夫供出ノ件」について、九月三〇日、高雄に集結できるように準備中と返答している。ただし高砂族は「諸般ノ関係ヨリ六〇〇名トシ、本島人一五〇〇名」という変更を求めた。さらに一〇月一九日、台湾軍参謀長より「船舶ノ都合ニ依リ高砂族六〇〇、本島人六〇〇、計一二〇〇名」は一八日、高雄港より乗船したが、その他の本島人九〇〇名が二四日に乗船予定と報じられた。

海軍特別志願兵制度

陸軍への志願兵制度の一方で、海軍ではどうであったか。海軍は必要人数が少ないうえに狭い艦内での異民族・異人種間トラブルも予想され、陸軍の人員採用より慎重さを要した。これは日本海軍のみならず、例えば、華僑の採用を問題としたオーストラリア海軍など、世界各国の共通の悩みであったようだ。しかし日本の海軍特別志願兵制度は朝鮮が先行し、連動した形で台湾でも進められた。

陸軍大臣東条英機、拓務大臣秋田清は、内閣総理大臣近衛文麿に対して「台湾ニ志願兵制ヲ施行ノ件」（一九四一年六月一六日）で、「台湾ニ昭和一七（一九四二）年度ヨリ志願兵制ヲ施行スル如ク準備ヲ進ムル事ト致度《イタシタク》」とし、その「理由書」では「最近熾烈《シレツ》トナレル台湾島民ノ兵役義務負担ノ輿望《ヨボウ》熱意ニ応エ以テ台湾統治ノ完遂ヲ図リ併セテ軍要員取得ノ為、志願兵制施行ノ準備ニ着手スルノ要アルニ由ル」として「裁可」を仰いだ。「台湾統治ノ完遂」と「軍要員取得」を目的としていた。

一九四三年三月一〇日には、海軍大臣、内務大臣名で「朝鮮人及台湾人ニ海軍特別志願兵制新設準備ニ関スル内閣総理大臣内奏案」が閣議決定され、朝鮮人と台湾本島人（この場合は、高砂族を含む）に対する海軍特別志願兵制を新設し、予備訓練は「昭和一八年度中に開始」の準備をするとした。その「説明」では、

① 大東亜戦争の進展に伴い、陸海軍所要の兵力の漸増が予想され、先般朝鮮で徴兵制を施行したが、海軍では兵力も比較的少なく、また艦船勤務は特殊事情があり、朝鮮人の海軍兵採用を差し控えてきた。今日、朝鮮人の皇国臣民の自覚が大いに昂揚したが、直ちに海軍兵徴集は不適切と考える。最初の段階として速やかに海軍特別志願兵制を新設したい。

② 台湾本島人についてもほぼ同様の趣旨で、海軍特別志願兵制の新設は適当かつ必要である。

③ 朝鮮人、台湾本島人をして陸に海に国防の一端を分任せしめ、「殉国ノ精神ヲ涵養

シ以テ皇国臣民トシテノ資質ノ錬成ニ資ス」ことは朝鮮、台湾統治の見地からも適切である。

とされている。このように、植民地朝鮮に連動させ、この場合、台湾原住民を包括する本島人にも「国防の一端」を分担させることは統治のうえからも有効と断言しているわけである。ただし、あくまでも「海軍兵」ではなく、「海軍特別志願兵」としてであった。

かくして、海軍特別志願兵制度は、一九四三年八月一日発布。総督府立海軍特別志願者訓練所の課程修了者を海軍兵籍に編入し、海兵団に入団させる。年齢一六歳から二四歳未満の者を適格者とする以外は概《おおむ》ね「陸軍特別志願兵制度」と同じであった。昭和一八（一九四三）年度の一〇月、第一期生一〇〇〇名、昭和一九年度の四月、第二期生二〇〇〇名を訓練所に入所させたとする。そのうち、原住民数は不詳である。その後、海軍特別志願兵令が改正され、訓練所を経ずに徴募採用された者は直接海兵団に入団することとなった。本制度の実施以来、海軍兵籍に編入された者は約一万一〇〇〇余名に及んだ。

3 徴兵制

そしてついに、台湾でも徴兵制が施行される。一九四五年一月、徴兵制度が実施され、同時に陸海軍特別志願兵制度は終了した。徴兵制は台湾原住民にとってどのような意味をもっていたか。

陸軍大臣、海軍大臣の「台湾本島人（高砂族ヲ含ム）ニ対シ徴兵制施行準備ノ件、右閣議ニ供ス」（一九四三年九月六日）によれば、「台湾本島人（高砂族ヲ含ム）ニ対シ徴兵制ヲ施行シ昭和二十年度ヨリ之ヲ徴集シ得ル如ク準備」したいとする。その「理由書」では、「帝国ノ□□ヲ決スル戦局ノ要請ニ基キ名実共ニ挙国国防ニ□ル兵制ヲ拡充強化シテ必要ナル兵員ヲ充足スルト共ニ台湾本島人（高砂族含ム）兵役義務負担ノ輿望、就中《ナカンズク》大東亜戦下軍ニ寄与セル献身殉国ノ熱情ニ応エ以テ決戦下台湾統治ノ完成ヲ図ル為」、徴兵制施行の準備に着手したいとしている。

一九四三年九月二三日、陸軍大臣の閣議での説明を要約すると、

――昭和一七（一九四二）年、朝鮮人は昭和一九年度より徴兵制施行の決定を見たが、台湾では昭和一七年度に初めて特別志願兵制度が実施されたばかりで、とりあえず朝鮮人にのみ施行された。だが、戦局の進展に基づき国防上の要請、並びに特別志願兵の成績、過去一年半の「大東亜戦争」に粉骨挺身した台湾本島人の熱情等を察すると、この際、徴兵制施行が必要かつ適切と判断できる。

①戦局観としては、様相は有史以来未曾有《みぞう》のみならず、「皇国の興亡」がここ一両年中に決する。殊に南方基地・連絡路の中枢となった台湾の国防価値を考えると、敵の反攻目標となる可能性もある。今こそ台湾人を「真ニ国防ノ第一線」に立たせるべきと考える。広大な南方諸地域での兵力増強が必要であり、帝国臣民にして唯一残された台湾本島人に対して徴兵制施行を必要とする所以《ゆえん》である。

②（台湾島民の）過去一年半南方各戦場において直接軍に寄与した事績は目覚ましいものがある。すなわち、志願者四〇万より選定採用した第一回志願兵中、五〇〇名は本年四月より入隊し、すでに戦場にあり、残り五〇〇名は七月入隊し、それぞれ軍務に精励している。また第二回特別志願兵の志願者は実に六〇万に達した。「大東亜戦争」開始以来、奉公隊、義勇隊、通訳等として特に戦局苛烈な比島、および南東方面戦場で直接作戦に献身寄与し、熱誠、功績は顕著である。従軍者は五月末までに約一万五〇〇〇名に上り、その一部は帰還して従軍記念会を結成し、銃後活動の中核として奮闘している。こうして、本年度は約五万名派遣の予定の下で逐次出発させつつある。これら要員中五月末までに戦没した者は五〇五名（本島人二五四名、高砂族二五一名）となったが、敵愾心《てきがいしん》旺盛で、さらに軍の要求に応じようとの熱意熾烈である。

以上、勘案すると、明年度（一九四四年度）は現志願兵制度を活用することとし、この間、関係諸法令を改定し、あるいは朝鮮での徴兵制実施の状況などを参考として準備し、昭和二〇(一九四五)年度より徴集準備を進めるのが適当。

閣議での説明はこう結論づけている。

このように、台湾の地理的位置、国防上の重要性、および南方戦場での兵力増強などを目的に徴兵制を実施しようとしたのである。すでに彼ら台湾出身者は各部門、各方面で奮闘している実績もあるとした。戦没者は「本島人二五四名、高砂族二五一名」とほぼ同数であるが、やはり台湾での人口比から高砂族の戦死者の比率が大きかったことが理解できよう。

徴兵制度は一九四五年一月に発布。「大東亜戦争」の進展に伴い、昭和二〇年度より台湾に本籍を有する者にも兵役服務制を設けるため、昭和一九年度より準備を進め、昭和二〇年一月、全島一斉に徴兵検査を実施した。その結果、受検者総数四万五七二六人中、甲種四六四七人、乙種一万八〇三三人で計二万二六八〇人が合格し、その大部分が現役兵として入営した。ただし、そのうち、原住民数が不明なことは遺憾である。戦争末期になると、五十数歳でも召集されたという。ともあれ原住民は高砂義勇隊員のみならず、陸海軍特別志願兵、さらに徴兵制の兵士という形で、戦地残留者は入り乱れて南洋戦場で戦うことになる。

第3章　銃後の台湾原住民

1　太平洋戦争勃発以後

兵員にばかりではなく、銃後の状況にも目を向けたい。

一九四一年一二月に太平洋戦争が勃発すると、台湾全島は厳戒態勢に入った。今村孤舟（前掲「高砂族進化の現段階と志願兵制度」）は以下のように主張する。「今仮に蕃社の上空に敵機襲来することを予想し、又平地より不逞漢《ふていかん》（人）の侵入、悪宣伝ありとして時局を認識せしめ」るにはどうしたらよいか。高砂族社会治安を維持統御すべき「真の力」は、警察の力はもちろんであるが、逼迫《ひっぱく》した事態にあっては彼ら同族の「先覚者」（この場合、日本の政策に協力的な頭目）の力に俟つものが多いことは、従来幾多の事例がこれを物語っている、と。このように、原住民地域において警戒感、緊張感をもたせ、治安維持などには、原住民の「先覚者」の力にやはり頼らざるを得ないと強調しているのである。

ガヨ・ウープナ（日本名「和夫」）は筆者に次のように語った。

——日本軍がニューギニアで戦った時、父は警官だったので、兵隊に行かなかった（当初、警官は兵隊にならない規定があった）。あの時、私は栄華や奥山に住んでいた。何歳だったかなあ。道に皆、並んでね。「頑張ってよう」、「勝ってきてよう」と奥さんや子供たちが日本国旗を持って見送った。私も日の丸を持ってね。その時は栄華の派出所にいた父が指揮した。

警察機構・台湾原住民のエリート層を通じて、戦争協力の態勢をつくる仕組みが末端まで機能していたのである。

英雄談

太平洋戦争初期には、日本軍の南進は成功を収めているように見えた。一九四二年一〇月、七ヵ月の従軍を終えて帰国した第一回高砂義勇隊の台北州隊座談会が開催された（『興南新聞』一九四二年一〇月一五日）。そこで語られているのは、

① 決してアメリカの捕虜にならず、立派な手柄を立てて帰ろうと覚悟した。

② バターン作戦が終わり、マリベレス山を占領した時、何千人もの捕虜が並んでおり、

いよいよ「日本軍が勝った」と喜んだ。

③　比島北部の山奥の農民は、昔、われわれの祖先がやっていたような方法で農耕をしている。それと比べると、われわれは「一視同仁の御聖徳に浴し、立派な農業をやっていること」が有り難い。

その他『興南新聞』には、高雄州の第一回義勇隊員の「下村」の活躍ぶりはすばらしく、アメリカ兵一三人を斬った、という記事も掲載されている（同上、一九四三年五月三〇日）。

こうした、ある面で誇張された「英雄談」が、原住民青年の胸に深く刻み込まれ、銃後を盛り立てた。

一九四二年五月、台湾全島では「コレヒドール島、バターン半島陥落祝賀行事」が盛大に挙行された。ちょうど第五回大詔奉戴《ほうたい》祭（一九四二年一月から大政翼賛の一環として開始された「大東亜戦争」完遂のための国民運動）に当たり、全島もれなく日章旗をはためかせた。台湾神社（一九三四年に国家神道流布のために設立された、台湾第一級の植民地神社）など全島各神社では一斉に祈願祭を執行した。花蓮港をはじめ各地の蕃社でも「万歳」の歓声が上がったという。いわば、この時、日本軍の勝利は原住民の勝利とイコールで結ばれたのである。そして、帰還した一部の高砂義勇隊員は従軍の栄誉を永遠に記念するとともに戦場の体験を基礎として「皇民錬成の推進力」になろうと、高砂従軍会を結成して原住民の錬成に当たっている。そして、生産拡充、「国語」の普及、あるいは団体訓練に率先して模範となろうとしているとする。

南洋移住計画

当時、台湾総督府理蕃課では、東南アジアの日本軍占領地への高砂族移住を検討し、軍当局に了解を求めようとしていた。これは、明治時代に北海道、樺太に布かれた屯田兵制度とほぼ同様な形態で、熱帯に抵抗力が強く、豊富な経験を持つ高砂族青年(家族を含む)約一万人を選抜して、農作物栽培に従事せしめ、かつ有事の場合は銃をもとらせる、将来は彼らを南方に永住させる、とする。台湾原住民に、農業生産とともに、日本軍による南洋支配の先兵としての役割を担わせようと計画していたといえよう。例えば、パイワン族のラガリ・ポピリカン(二七歳)は、当時、高雄州潮州郡下の部落が徐々に山の麓《ふもと》に移住していることに関連して、狭い土地で移住地を論議するくらいなら、ボルネオ島は「世界第三の島で住民は少(な)く、しかもわれわれと似た種族がいるというではないか」と移住を熱望していたという(「同族の住む新天地、高砂族に沸《わきかえ》る南進熱」『朝日新聞台湾版』一九四二年三月二五日)。彼らにとって台湾で原住民地域が日本人に奪われ、もしくは狭められていく歴史と現状の活路として、南方移住は一つの夢であったかもしれない。

銃後の活動

高砂族の自主的教化のため、台北州では高砂族三五人（男は大南澳農業講習所卒一七人、女は蕃童教育所卒一八人）を蕃童教育所助手に採用した。一九四二年五月一日から羅東郡ショウラ社の台北州立青年道場で教師に必要な学科、実技を錬成、二五日修了後、男は警手とする。また、女は傭員として国民学校助教と同様に一学級を担任し、主任警察官を助けて出身蕃社の子弟を教育する。彼ら助手志望者は蕃社の教師にという熱意に溢れている。殊に羅東郡ボンボン社の「和田義一」（一九歳）は陸軍兵志願であったが、苧麻《ちょま》剝皮機に巻き込まれ、左手を失い、兵士志望を断念し、同族教化に身を捧げようと決心したという（「末は蕃社の先生、高砂族先生を採用す」『朝日新聞台湾版』一九四二年五月二四日）。

四三年末にも、こうした銃後の原住民地域の活動は強まりこそすれ、弱まることはなかった。日本が米英に宣戦布告した後、農作業にも異常な熱意を示し、夜は山の至る所で松《たい》明《まつ》まで焚《た》いて増産している。ある老父は「年寄りと女さえいれば山や田畑はりっぱに守っていく。戦地ではどんなことがあっても一歩もひくな」と諭《さと》したという（「顔の刺青とって従軍」『朝日新聞台湾版』一九四三年一二月一二日）。相互扶助の精神を発揮して留守家族の農耕手伝いなどをおこない、また、金属回収、愛国貯金なども率先協力し、平地以上の成果をあげた。

治安も自らの手で守るため高砂族自助会を結成し、進んで防空監視の任務に当たった。そして、日常生活も皇民化され、住宅も風俗も日本式に改められ、彼らの和装姿を見て高砂族と見分けることは難しい。「国語」（日本語）もほとんど不自由がない。霧社事件を契機にしたと考えられるが、当局が差別語である「蕃」の字を一切禁止するに至ったのも当然のことととされた。

このように、皇民化、日本人化が進められ、台湾原住民は戦争を肯定し、それに尽くすことで自らの待遇を変えていこうとする涙ぐましい努力を重ねていた。また、上述のごとく、一時期、「蕃」の字を禁止しようとしていたことがわかる。「蕃人」という名称は残りつづけるが、「高砂族」という名称が広まっていくのは、高砂義勇隊の成立以降と考えられる。

台湾総督府官房情報課によれば、義勇隊員を送る「銃後部落は戦争必勝への総《あら》ゆる努力を申合せ、尚《なお》義勇隊の選に洩《も》れた者は将来必ずこれに参加せん事を熱望し刺青を取り去り、或は公役に出勤し、或は国語の習得に精励」している。また部落中の人々は義勇隊員の留守宅に対して男女青年、蕃童教育所児童等が中心となって、農耕を援助し、家屋の修繕等を手伝い、その隣保共助ぶりは「かつての高砂族には見られない麗《うるわ》しい風景である」とする。ただし、家屋を建てる時などは従来から皆協力しておこなっていたのである。

原住民娘の憧れ

高砂義勇隊募集に続き、今度は特別志願兵制度を施行するというニュースが原住民地域を駆けめぐった際には、台北州立高砂族青年道場では座談会が開催された。羅東《らとう》郡シキクン青年団「重松久次」(二〇歳)は、「部落から立派な志願兵を多く出すには、蕃語使用厳禁、国語(日本語)を常用しましょう」と蕃社全体で決議し、もしうっかり原住民語を話したら「改心板」を持たされ、罰金がとられる、と発言している(「嬉しい志願兵制」『朝日新聞台湾版』一九四一年七月一四日)。このように、日本語習得にかなり力を入れていた。

高雄州屏東郡サンティモン社では、篤志看護婦志願の血書を出した女子青年団長ラブラブ(二〇歳)は「私たちは皆独身ですが将来同族と結婚するときは立派な志願兵というのがお婿さんの第一条件です。皇国の軍人の妻となる日を思うと胸が躍るようです。やがて私たちの子供がこぞって志願兵となって御国のために戦う日が来るでしょう」と語っている。このように結婚相手として志願兵となる原住民青年が理想像とされた。こうした娘たちの発想を含む原住民社会の雰囲気が原住民青年の心を鼓舞したことは疑い得ない。

こうして、太平洋戦争中、台湾原住民部落のほとんどすべての家庭から出征兵士を出した。原住民は結婚が早い。彼らは妻子を顧みず先を争って志願し、それは日本内地での総動員体制を凌駕《りょうが》するものであったとされる。そして彼らは南洋戦場に派遣された。

金鵄勲章

戦況悪化のなかで、死んでいく原住民青年は激増していった。一九四四年六月、戦死者が相対的に少ないとされた第一回高砂義勇隊員だけで金鵄《きんし》勲章（一八九〇年に制定され、武功抜群な陸軍軍人に下賜された勲章）が実に「四〇柱」の多きを数えた。高雄州屏東郡理蕃係の湯前巡査部長はバターン、コレヒドールの大攻略戦で「彼等（高砂族）の強さと尚武の伝統を見た」と語る。原住民青年はきわめて強く勇敢だったのである。そこで、記者は屏東郡ブタイ社を訪れ、金鵄勲章を授与された畑中家を訪問した。原住民の父は、市志《かずし》が出征する時、「天皇陛下の御ために死んで帰れと言い渡してありました。……それがまた今度日本人として最高、最大の名誉である金鵄勲章を頂くことになり、家門の誉」れであり、「弟の正義もいますからこいつを兄の仇討《かたきうち》のために戦地にやりたい」。母は「なにも申（し）上げることはありません。倅《せがれ》もさだめし地下で喜んでいることでございましょう」と言った（「山の掟「仇は部落民で討つ」、畑中君の遺族らに決意を聴く」『朝日新聞台湾版』一九四四年六月二八日）。

また、男子青年団長は「銃後に残っているわれわれ青年は畑中君につづいて戦地に行く覚悟です」。そして、女子青年団員は「畑中さんのように義勇隊員となって戦う人のもとへ（お嫁に）行きたい」と述べた（同前）。周知のごとく天皇・日本国のために死んでいくことが当然視され、かつ家族のみならず、原住民社会全体にとって誇りとされた。それと異なる意見は公然とは言えない状況であった。

2　高砂義勇隊員の留守妻

ここで看過できないのが、夫、婚約者、恋人が南洋戦場で命を賭けて戦っていた時、残された女たちの一部が近隣に駐屯していた台湾守備隊の慰安婦にされていたという事実である。そのことを知った夫などの苦しみは計り知れない。あるいは、それを知らずに死んだ夫などは不憫《ふびん》であったが、そのほうが幸せだったかもしれない。

怒りの父

一九四四年一二月以降の頃、日本軍から新竹州ゾンビ駐在所のニイザト部長に「いい娘はいないか」と問い合わせがあった時、原住民のサチコを指名した。夫は第一回高砂義勇隊員である。第一回は各部落を代表する優秀なエリート青年が選抜された。その妻であるサチコも優秀であった。サチコは頑強に拒絶したため、路上で強引にジープに乗せられ、両親に行き先を告げることもできないまま連れ去られた。こうしてサチコは台湾軍第九師団一三八八七武部隊の兵舎に日本兵の「性欲処理」のために連れ込まれたのである。ここには日本兵が数十人いたが、そのなかにはタイヤル族の男たちも含まれていた。サチコはカイダ班長に激しく抗議した。

他方、サチコが子供二人を置いて突然消えたので、サチコの父は心配し、警察に聞いたが何も教えてくれなかった。そうした時、サチコの窮状を知らせる連絡が届いた。同部隊に所属する親戚のタイヤル族兵が手紙を書き、知らせたようだ。父は蕃刀を携え、山々を駆け抜け、兵舎へと向かった。兵舎で蕃刀を振りかざす父にタイヤル族の男たちは「日本人を殺してはならない」と説得した。他方、日本兵はその迫力に驚き、父がサチコを背負って出ていくのを呆然と見ていた。その後、父はすぐさま蕃刀を手にゾンビ駐在所に怒鳴り込み、逮捕され入獄した（柳本通彦『台湾原住民――山の女たちの「聖戦」』、現代書館、二〇〇〇年）。この事件が知られると、父親の勇敢さを讃える声があった一方、サチコは「日本兵の女」になっていたことが部落に知れわたり、その後、肩身の狭い後半生を送ったようだ。

軍雑役から軍慰安婦へ

タイヤル族（現、タロコ族）の山村一郎（第三回高砂義勇隊、陸軍第四航空隊所属。花蓮）は蕃童教育所、さらに同補習科卒。警丁（警察助手で、警察で最下層の地位で賃金は安いが、原住民青年のなかでは優秀な者が多い）となり、同時に代用教員として蕃童教育所で教鞭を執った。一九四〇年一一月、同族の「久美子」（以下、「」省略）と結婚。警察の命令で、久美子は花蓮の高砂族助産婦講習を受け、四一年一〇月助産婦となった。この夫婦は学業成績優秀であり、原住民青年の模範となる使命感に燃えていた。なお、知り合ったのは、各部落選抜の青年男女が日本語能力を競う「国語」（日本語）発表会の会場であった。結婚は一六歳の時であった。

四一年一二月、太平洋戦争に突入し、台湾全島は完全な戦時態勢に入った。翌年、高砂挺身報国隊が募集された時、一郎には妻がいたため、いったんは応募を思いとどまった。だが、第三回高砂義勇隊の募集の際、蕃刀で指先を切って血書を書き志願した。四二年三月、久美子は長女を産み、「昭和」の「昭」の字をとり、昭子と名づけた。同年初秋、義勇隊出征の時、久美子は泣きつづける昭子を抱いて花蓮駅まで見送りに行った。その際、一郎は「必ず生きて帰ってくる」と言い残した。

四四年、白布に包まれた「英霊」が次々と戻ってきたが、幸いにもそのなかに一郎は含まれていなかった。その頃、日本軍が近くの深山に秘密裏に軍事基地を建設した。そこに駐屯する台湾防衛部隊はアメリカ軍の台湾攻略戦を想定し、山林遊撃戦を展開することになっていた。当時、山地は日本警察の直接統治下にあった。警察の指示で、同部落の久美子ら三人（二人の娘は未婚）は台湾防衛部隊の兵舎（兵士六〇〇人）に隣接する食堂での雑役を命じられた。久美子は昭子を兄の家に預けて、泊まりがけの雑役に出た。一ヵ月後、兄の家に戻ると、二歳半の昭子は懐に飛び込んできた。日本軍から支給された賃金一五円や石鹼、タオルを渡すと、兄はたいへん喜んだ。兵舎に戻ったある日、管理者の憲兵隊軍曹が彼女ら三人を呼び出し、「ここにいる日本兵は三年間も日本に帰っていず、可哀想だ」、「身体を貸してほしい」と言った。最初、意味が分からなかった。その夜、兵士一人がやって来て久美子を押し倒し、「すみません」と言いながらセックスをした後、出ていった。その後も次々と兵士がやって来た。それが翌日も翌々日も続き、こうした状況が八ヵ月も続いた。最も若い娘は三回も流産した。

四五年八月、日本が敗戦し、日本兵は次々と帰国し、兵舎は静かになった。だが、松本隊長ら幹部たちは留まっており、三人は解放されず、今度は幹部専用の女とされた。四六年八月、幹部らも日本に帰国することとなり、彼女ら三人は用済みとなった。だが、久美子は松本の子供を宿し、妊娠三ヵ月であった。それで実家には帰れず、人目を避け、兄の家に閉じこもった。そこで一郎の帰りを待ち望んだが、他方で日本兵の子供をどう説明すればよいのか悩みつづけた。四七年春、誰にも祝福されない女児を無事出産したが、この子も不憫であった。一郎は戦死したとされ、ついに帰ってこなかった（柳本通彦報告論文「第三回高砂義勇隊和他們的悲劇」『回帰正義的起点』、台湾高砂義勇隊歴史回顧研討会、一九九八年）。

なお、厚生省の記録によれば、一郎は奇跡的にガダルカナルでの戦闘で生き残り、転戦をしながら台湾に近いフィリピンのルソン島北端のカガヤンまで辿り着き、四五年一月死去したとされている。台湾に少しでも近づこうとしていたのかもしれない。

その他、四四年末、花蓮県太魯閣《タロコ》のタイヤル族（現、タロコ族）の娘六人がブセガン派出所の三井警察部長に「大東亜戦争で女も総動員」と言われ、陸軍倉庫廠での洗濯、掃除、ボタン付けなどの仕事を指示された。ところが、行ってみると、ナリタ軍曹が「夜の仕事をしなさい」と言った。皆、まだ満十五、六歳だった。逃げたかったが、ブセガン派出所の警官が面子《メンツ》を失い、父母がいじめられると考え、断念した。終戦で日本兵は帰国したが、そのうちの一人サワコはすでに妊娠していた。それを隠すため、四六年五月急いで結婚したが、八月には女の子が生まれた。夫は日本植民地時代、教師であり、その後、海軍に志願して高雄で敗戦となった。夫に「淫売」と言われ、離婚寸前までいった。相手が日本兵とは絶対に言わなかった。土下座して謝った。夫に鋤を投げつけられ、怪我をした。その時、夫は謝り、「もう何も言わなくていい」と言って泣いた。しかし、酒を飲むと、突然怒りはじめて殴られる。それでも子供のためにも離婚してはいけないと我慢した（前掲『台湾原住民――山の女たちの「聖戦」』）。

これを調査した柳本通彦が、「なぜ慰安婦のような仕事をしたのか」と問うと、彼女らは「あの時は総動員でしょう？」と答えたという。学校に通っていた時、日本人教師から「女も総動員」と教えられたという。こうして、原住民は老若男女が日本の「聖戦」に総動員された。柳本は、台湾女性の慰安婦化は四四年末、一連の「先住民女性調達計画が台湾島内で実施」され、行政（総督府）・軍・警察が三位一体となって進めた「秘密計画」であると断言する。

第4章　陸軍中野学校と高砂義勇隊

1　陸軍中野学校への秘密召集

前に少し触れたように、高砂義勇隊には、途中から、陸軍中野学校が深くかかわるようになる。

陸軍中野学校の設立経緯を見ると、この機関は、盧溝橋事件後、情報戦の重要性が高まり、岩畔豪雄《いわくろひでお》（陸軍省兵務局課員として外国大使館の盗聴業務などを実施）が「諜報謀略の科学化」を提起し、一九三八年「防諜研究所」を新設したことに始まる。三九年、それを「後方勤務要員養成所」に改編し、四〇年に「陸軍中野学校」となった。そして、四一年には参謀本部直属学校となった。その主な任務は、情報収集、防諜、謀略などのための特務要員の養成である。その一環として、熱帯地域の遊撃戦遂行のための将校、下士官を養成したが、その隊員としては南方諸地域の現地人を充当し、特にニューギニア、フィリピンでは高砂族を使用したのである。

四三年七月、大本営が「満洲国」の牡丹江にある第一方面軍司令部（司令官山下奉文《ともゆき》）に対して、①果敢決行、②細心剛胆、③頭脳鋭敏、④身体強健、⑤旺盛なる責任観念の五項目を選考条件に大本営要員の選抜を指示した。こうして、八月二三日、ソ「満」国境周辺から約一〇名の要員が司令部に到着した。その後、牡丹江を出発、朝鮮・「満洲国」国境を通過し、釜山港を経て下関に上陸した。八月三〇日に市ヶ谷の参謀本部に出頭し、指示により陸軍中野学校に向かった。こうして、外地、日本本土より選抜された幹部五十数人が、新任務を知らされないまま、四三年九月一日中野学校に集められ、入校式に臨んだ。幹部は曹長、軍曹が大半で、他は将校八名、准士官二名、伍長四名である。川俣校長、大本営参謀などの訓示のなかには「諸子は敵中深く潜在して……」とあった。また、のちに高砂義勇隊を率いることになる川島威伸《たけのぶ》少佐も「諸子は敵中深く潜入し、表面戦を捨て裏面戦で生きよ」と訓示したという。すなわち、『戦陣訓』にあるように、「表面戦」は究極のところ玉砕戦法である。それに対して「裏面戦」は人智の限りを尽くして臨機応変に敵を攪乱し、できる限り生き延びてゲリラ戦を続けよ、というものである。これを聞いた幹部たちはその任務が重大、かつ危険なことを悟ったという。

では、川島威伸とはどのような人物か。満洲、中国で戦闘に参加し、陣地攻略の際、顔面を青龍刀で斬られながら軍刀で敵を刺殺した。上唇より左頬に刀痕《とうこん》、眼光鋭く凄みのある容姿であった。その軍歴を見ると、陸軍士官学校第四八期、四〇年中野学校卒業。四一年二月南機関に属し、ビルマ独立運動を支援。陸軍士官学校で留学生指導をしていたが、新任務に就くため、中野学校に異動し、今回の訓示をおこなった。この経歴を見れば分かるとおり、外国人支援・指導の実績があり、かなりの剛の者であった。反面、高砂族に対する思いやりもあり、情の深い人物だったようでもある。

2 日本軍初のゲリラ戦訓練――理論と実習

日本軍当局の意図は、イギリスのコマンド部隊(一九四〇年六月ナチス・ドイツ占領下の南フランスで情報活動などに従事)が活躍したことに鑑《かんが》み、高砂義勇兵を使用して日本でも初の遊撃隊創設を目指すものであった。そこで四三年九月以降、オーストラリア北地区の島々(西イリアン、ハルマヘラ島、モロタイ島)、およびフィリピン方面で遊撃戦をおこなう幹部要員を養成するため、遊撃戦幹部要員(各部隊派遣の将校・下士官で、これに神田泰雄、川島両少佐ら中野学校出身者が含まれた)の教育が陸軍中野学校で実施されたわけである。

この教育は第一次、第二次と分かれて実施された。その要員は各五〇人。第一次は四三年九月から、第二次は四四年一月から各三ヵ月で、教育終了後、南方に赴任、遊撃隊を編制した。結局、この教育は四五年三月まで続いたので、すべて規則的におこなわれれば第六次まで実施されたことになる。

中野学校での主な教育は、校内では「遊撃隊戦闘教令案」であり、ニューギニアから派遣された教官による現地ゲリラ戦の体験談を聴き、また現地自活方法や高砂族の特性について学んだ。実習は各種爆弾の操作などである。

教育科目と教官は以下のとおり。

実験隊長は、小松原大佐、後に手島大佐。

講義科目は、①国体学摘講、②秘密戦概念、③遊撃戦概念、④遊撃戦戦術、⑤潜入潜行法（実技を含む）、⑥偽騙、⑦変装法、⑧破壊法（各種爆薬などに関する実技、特に飛行場破壊を最重点）。その他、密林での夜間における方向維持。

さらに、「ニューギニア兵要地誌」を南方軍の中森茂樹中尉が講義。

また、「高砂義勇兵の特性」を中森、学校本部阿部が担当。

空手も訓練した。

卒業直前には、三日間で丹沢峠を経て厚木飛行場に潜入、飛行機爆破法の総合演習をおこなう。

ゲリラ部隊の任務は一般正規軍の例外的存在であって、火砲は持たず、爆薬、手榴弾を用いて、敵の司令部、陣地、幕舎、飛行機、その他の軍事施設、補給線を爆破、破壊し、敵を攪乱して本隊の作戦を有利に導くことにある、とされた。

3　台湾での原住民訓練

高砂義勇隊員との初対面

「大東亜戦争」末期、日本軍が守勢になった時、陸軍参謀本部は「密林諸島」での戦闘を有利にするため、台湾の新竹州湖口演習場に中野学校の分派的教育機関をつくった。秘密裏に門司《もじ》港を出帆し、湖口練習廠舎に無事到着した。第二梯部隊が高雄港に到着したのは一九四三年一二月三〇日である。高雄では、「精悍《せいかん》そのものの面魂」をしたタイヤル族、アミ族、パイワン族、サイセット族、ツオウ族、ヤミ族、ブヌン族の七種族の高砂特別志願兵約五〇〇人が待機していた、という。

その後、彼らを連れて列車で北上し、台湾軍司令部に到着を報告。四三年一二月三一日新竹州湖口の陸軍省（出先機関か）入りをした。四四年新春、第一梯部隊の神田少佐以下将校、下士官と第一期検閲を終え、新竹州湖口演習場で訓練を開始することとなった。ゲリラ教育を受けた中野学校同志と高砂義勇隊員は「滅死（私）奉公」を誓い、その関係は密接であり、各地遊撃戦の基幹兵員は高砂義勇隊員である（高丸隆「台湾における部隊訓練」、中野交友会『高砂族兵士と共に』など）とされた。

ゲリラ戦訓練

専任教育者は神田泰雄、川島威伸の両少佐、加えて中野学校第一期甲種学生出身者が教官として派遣された。高砂族約五〇〇人に対して約三ヵ月間、徹底した秘密戦士としての教育が実施された。教育班は二班であり、後に二個中隊として再編制された。第一中隊長は神田少佐、第二中隊長は川島少佐で、それぞれジャングル地帯で猛烈な秘密戦士訓練を実施した。

高丸隆（元第二遊撃隊第三中隊長）によれば、台湾におけるゲリラ戦訓練は以下のとおり。

① 夜間行動訓練では遊撃隊が隠密裏に敵に損害を与える。高砂族は特異な能力を有しており、星一つない闇夜でも目的地を間違えることはない。昼夜を問わず訓練したと

強調されるが、重点は夜間に置かれていた。

② 攻撃前に敵の糧秣庫や炊事場に押し入り、食後に攻撃する。

③ 爆破訓練では、爆薬は主に黄色火薬とダイナマイトを使用、時には一キロの爆発缶を使用した。それと手榴弾の使用法、および信管と導火線の繋ぎ方を訓練の外、水中爆破実験などもおこなった。

④ 台北飛行場での訓練は、遊撃隊を台湾神社付近の森林に潜伏させ、付近の警戒状況、風向きなどを偵察、攻撃する。各自決められた飛行機や管制塔など重要施設に時限爆弾を装塡《そうてん》後、飛行場を離脱、煉瓦《れんが》工場に集合する。

⑤ 遊泳訓練は、船団が敵国潜水艦により撃沈されて、海に放り出されることが多くなったため、四四年五月に約一ヵ月間、毎日計四時間、新竹の南寮浜で実施した。

こうして、四四年一月より高雄港出発の五月二七日まで高砂兵の訓練がなされた。なお、部隊編制の際、軍服、軍靴が支給されたが、高砂族は元来素足で生活しており、足が大きく、軍靴が一週間で壊れた。そこで、出陣まで軍靴使用を禁じる特別命令が出された、という。さらに、狩猟についてはすべての高砂兵が優れており、かつ水中爆破訓練後に水中にもぐっての魚の捕獲は「異彩を放っていた」とする。

第一中隊長神田少佐は客船で先発したが、基隆《キールン》沖で敵潜水艦の魚雷攻撃により撃沈され、神田と部下の一〇人が死去した。そこで、代わって第二中隊長川島少佐が遊撃隊長となって全員を遊撃隊に編制した。神田らの死去により幹部不足をきたした第一中隊に数人を転属させた。ほかに台湾軍より幹部補充五人をまじえ、通信要員二五人、衛生要員一二人、主計一人を抜擢《ばってき》、それに第二中隊要員二四人、特別志願兵一二五人の総計一九二人で、四四年一月二〇日、遊撃第二中隊が結成された。その後、モロタイ島（図2）に上陸し、同支隊長森田義輝大佐と合併して第三二師団となった。

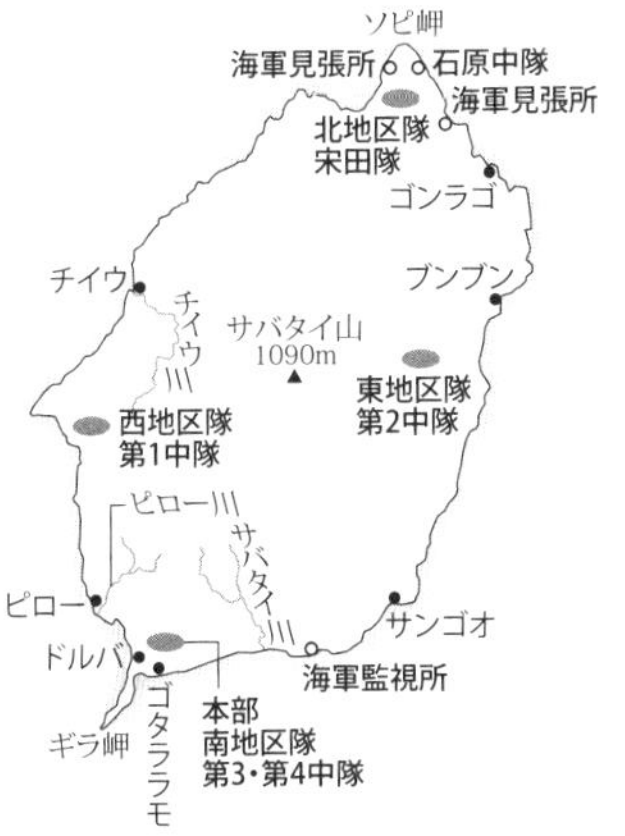

図４　モロタイ島の川島第２遊撃隊配置図
門脇朝秀編『台湾の山地に旧高砂族を尋ねて』（あけぼの会、1999年）169、180頁より作成

高砂義勇隊の特性

高砂義勇隊元隊長の石井敏雄は、高砂義勇隊員と下士官の関係について、「中野出身の下士官は全員豪胆、沈着、積極、適切な戦闘指揮を行ない、高砂義勇兵（隊員）も彼等の誠意にこたえてゲリラ活動に当り、大きな戦果を収め」、その組合せがあったからこそ、ニューギニアの遊撃戦が成功した、と

述べる（石井敏雄「高砂義勇兵の想い出」、中野交友会『高砂族兵士と共に』、一九八二年）。義勇隊員は、責任感が旺盛で、特に搬送力に優れ、日本兵の約二倍の力があった。ジャングルでの方向感覚も良好、軍靴の補給が途絶えた後も、元来、素足生活だったので問題はなかった。夜間、および潜入攻撃の接近動作は抜群、狩猟能力は独特であり、一般部隊が栄養失調になっても、義勇隊員のいる特殊部隊は元気潑剌《はつらつ》であった。義勇隊員同士の友情は篤く互いに激励しあった。同時に、同部落の者同士が戦功を競いあい、ライバル心が強いという側面もあった。

特にジャングルを歩く時、常に蕃刀で樹木に傷をつけて目印とする習慣があり、撤退の時、無事基地に戻ることができた。潜入攻撃では、敵に接近する際、いつ発見されるか、射撃されるか、地雷はないかなど、神経を極限まですり減らす。攻撃終了後、撤退時、追撃の恐ろしさは言語を絶し、帰還後、二〜四週間は「痴呆」状態となる。とはいえ、四三年から終戦まで、高砂義勇隊員は精神力は強く、一〇回近く攻撃に参加した猛者《もさ》もいたという。

斉藤特別義勇隊の誕生

一九四三年、ニューギニア中央部にあるベナベチ、ハーゲン両高原に対する攻略作戦が提唱され、空挺部隊、陸上挺身部隊による強襲が検討された。五月中旬、中森茂樹中尉はこの準備のため、第一八軍司令部派遣を命じられた。その後、斉藤俊次大尉に続いて神藤軍曹以下一一名の中野学校出身の下士官が第二〇師団司令部の配属となった。これに小俣洋三、中森両中尉も加わり、斉藤特別義勇隊の編制が進められた。

斉藤特別義勇隊は、隊長は斉藤大尉、指揮班長神藤軍曹、副班長加藤伍長で、斉藤以下、幹部はすべて中野学校出身の将校、下士官である。それに、高砂兵（斉藤特別義勇隊では、双方とも「義勇隊」なので混乱を避けるため、高砂義勇隊員を「高砂兵」と称したようである）であった。第一義勇隊長は中森中尉以下、第一〜四各分隊で構成され、各分隊長は日本人、各分隊は高砂兵各一三人、第二義勇隊長は小俣洋三中尉以下、第一〜四各分隊で構成され、各分隊の高砂兵はやはり各一三人である。高砂兵は約五〇〇人から優秀な者を選抜した総計一〇〇人である（不足四人は入院、「残置」と考えられる）。高砂兵は、元来、ニューギニアのマダン野戦貨物廠で陸揚げ作業や荷物担送に従事していた高砂義勇隊員である（その後、挺身隊、特別攻撃隊、捜索隊に編制替えされて終戦に至っている）。

かくして、師団司令部近隣のソウ部落の宿営地で斉藤特別義勇隊の本格的な高砂兵教育訓練が開始された。高砂兵は日本の義務教育程度の教養を有していたが、（戦争による）戦闘経験はない。そこで、厳格な規律生活を実施したが、厳しくも愛情をもって接し、互いの信頼感の確立を図った、という。高砂兵は全員護身用として蕃刀を持っていたが、全員に騎兵銃を支給した。騎兵銃の取り扱いと射撃要領を会得《えとく》させるのには多少時間を要した。そして、ゲリラ戦士として潜在、潜伏、潜行、工作、退避、集結などの最低限度の要領を教えられ、次いで幕舎、飛行機、戦車、火砲、車輌など各種目標への爆破要領を教える激しい訓練が連日実施された。夜間に豪雨の日は最適なゲリラ演習日であった。

合間の休憩時間や訓練終了後には、「高砂義勇隊の歌」（作詞は本間雅晴）が宿営地の椰《や》子《し》林にこだまして士気を鼓舞した。

米英撃てとの大詔を
涙で拝む同胞の
そうだやるぞと立ち上（が）りゃ
熱い血潮が身にたぎる
我等、我等高砂義勇隊

第二義勇隊長の小俣洋三（元来、第五回高砂義勇隊を指揮）によれば、一九四三年初期に、東部ニューギニアで戦勢挽回の一策として高砂義勇隊による遊撃戦を展開することになった、という。全軍においても遊撃戦は初めての試みで、第一八軍下のマダン、ウエワク地区の貨物廠要員である高砂族から選抜、配分された。斉藤義勇隊、石井義勇隊、小俣義勇隊に編制されたのは約四五人であった。将校下士官は全員が中野学校出身者である。小俣義勇隊は花蓮港付近の高砂族約二〇人で、年齢は一八歳から四五歳であった。彼らのなかで長老格の「角田」は四〇歳くらいで、顔に入れ墨を入れ、日本語がよく分からなかったが、絶対的な信頼を得ており、全禿山《ぜんとくさん》にある砲兵陣地では攻撃第一人者であった。基本訓練は潜行・潜入・爆破・射撃などで、夜間訓練に重点が置かれた。高砂兵は方向感覚、聴覚、嗅覚など五感はきわめて優れていた。「素足のほうがよい」と、軍靴も不要とし、また代わりの地下足袋一一〇足もすべて返却した。このように、彼らは先天的にジャングル戦士であり、射撃目標などについては逆に教えられる点が多々あり、短期間で優秀な遊撃隊員が誕生した、とする(小俣洋三「東部ニューギニア戦線にて勇奮敢斗した高砂義勇隊に思ふ」、前掲『高砂族兵士と共に』など)。

ただし陸戦隊軍医の戸嶋寛年は異なる感想を持った。第四回高砂義勇隊の軍医長としてマダンに赴任した当初、「腰に蕃刀、軍靴を首にぶら下げて、素足でペタペタ歩く姿を見て、これはたいへんな部隊に来てしまった」と暗い気持ちになった、という。おそらく、これで戦えるのかと思ったのだろう。だが、繰り返すが、素足もまた、ゲリラ戦では大きな意味を持つことになる。

第５章　南洋戦場での連合軍との激戦と高砂義勇隊

まず具体的な戦闘について、生き残った人物の証言を聞こう。

菊池：日本兵と高砂族隊員の間で矛盾とか差別、衝突はなかったのですか。

ロシン・ユーラオ：衝突とかはないですよ。部隊、部隊で分かれていたから。高砂族は高砂族の部隊ですよ。それに作戦中はそんなことを考える余裕なんてありませんよ。何も考えないで、ひたすら戦った。いつ死ぬか、それを待つばかりの心境でしたね。……高砂部隊には日本人はいない。ただし大隊長、中隊長、小隊長は原則として日本人です。それ以外の隊員はすべて高砂族。第一小隊長は山本という軍人だったが、六〇歳の年寄りで、身体が弱く、動けなかった。そこで、僕が第三小隊長となった（小隊長は原則として日本人だが、戦争末期には人材不足となり、ロシン・ユーラオは学力、学歴、人望から小隊長に就任したようだ）。第一小隊長の山本がだめになったら僕が代理することになっていた。……山本とは終戦後、新竹に着いて別れた後、会っていない。

菊池：大隊長、中隊長に対する何か不満や矛盾はありましたか。

ロシン・ユーラオ：そんなものはない。「日本精神」には反対できないですよ。最後は「死ぬだけ」と教えられていた。「日本精神」とは、「戦争になれば死ね」ということでしょう。

菊池：武器はどうですか。

ロシン・ユーラオ：武器は鉄砲・銃剣と手榴弾を二個渡された。他は何もない。手榴弾は一個が戦闘用、一個が自殺用である。蕃刀は草木を払って道を切り開いたり、また薪《たきぎ》を得る時、使用した。

菊池：本島人、今で言う本省人（漢族系台湾人）ですが、まったくいなかったのですか。

ロシン・ユーラオ：少しはいた。本省人は戦闘には参加していない。戦闘地域の背後で、兵隊に食べさせる野菜などを栽培して、料理を作ったりしていた。戦闘するのが好きではなかったようだ。僕たちは彼らを「臆病者」と思って馬鹿にしていたが、彼らも僕たちを馬鹿にしていたのかもしれない。……本省人の一人が戦闘に巻き込まれて死んだ。

菊池：台湾原住民は南洋戦場で戦闘力が高く、かつジャングルでも生き抜く力があったと聞きましたが、どうですか。

ワタン・タンガ（林昭明）：高砂族はゲリラ戦や山岳戦が得意であり、食糧を持参しなくても何とか生き抜ける。水がなくなっても、草の茎などから水分をいかに補給できるかを知っていた。これらの伝統的な知識を日本兵に教えた。また、戦地で高砂族はたいへん勇敢であった。それによって高砂族の地位向上ができると考えたからである。これは、とりもなおさず子孫のためでもあった。高砂義勇隊では原住民のなかでタイヤル族が多かったが、南洋からは一〇人に一人しか台湾に帰還できなかった。可哀想すぎる。悲しいことだ。

ガヨ・ウープナ（「和夫」）：アメリカ兵に対して高砂族は弓矢で戦う時もあった。タイヤル族の男は、台湾の深山や岩山などを素足で歩いていた結果、驚くほど大きく足裏の皮が厚くなり、山を歩いてもトゲさえ入らない。こうして、ニューギニア戦線でも素足で歩き、音をたてずに敵と接近戦を演じた。

日本兵の場合、軍靴を履かなければ歩けず、必然的に音をたて、敵に発見されやすかったのである。

1　高砂義勇隊の任務

航路

ツォウ族の荘銀池（第三回高砂義勇隊）は、

――高雄港からマニラを経て、小艦艇に乗船し、ジャワ島に向かった。途中、マニラで多くの台湾の義勇隊員や本島人部隊に会った。彼らの部隊は農業開拓団と勤労団である。勤労団は来る途中、アメリカ軍潜水艇の魚雷攻撃を受けたそうで、潜水艇を極度に恐れていた。発見されないように船体に藍色のペンキを塗って偽装しており、戦闘機や偵察機は恐れていなかった。とはいえ、アメリカ軍のPB1偵察機だけは危険であり、ゆっくり低空で飛行し、小艦艇でも発見すると攻撃するので、飛び去るまで、船上のある日本兵は泣きつづけていた。こうした状況であったので、ジャワ島に上陸した時、さすがにほっとした。

アミ族の林黄木栄（第七回高砂義勇隊、台東県）によれば、

――一九四四年七月下旬、高雄港から出発。計一〇余隻の大船団で、甲板から上空を見

上げると、日本軍機が巡邏《じゅんら》しており、安心感があった。だが、ある晩、眠っていると大音響がして魚雷により船が大きく揺れた。幸いにも沈没せずに三、四日後、マニラに到着した。そこで部隊編制され、他の部隊の義勇隊員も編入された。こうして船団が再編制され、群島の間を一週間進んだが、アメリカ軍の潜水艇は出現しなかった。フィリピン群島を離れ、太平洋に入ると、心配になった。船団も途中で別れ、五、六隻だけになっていた。われわれが乗船している泰国丸は蛇行しながらゆっくりと進み、日本がドイツから割譲されたパラオ島に着いた。ここで補給後、最終目的地のニューギニアに向かった。

このように、日本軍は兵輸送の安全を考え、航路を慎重に選んでいたが、それでも敵機や潜水艇に遭遇し、餌食《えじき》にされる場合が少なくなかった。

軍夫と敵情偵察

では、高砂義勇隊は南洋戦場でいかなる役割を果たしたのか。

総督府労務課長山田一夫、理蕃課警視中村文治らは、二週間、バターン戦線を視察して台湾に戻り、次のように報告した。高砂義勇隊は台湾各州から選《よ》りすぐられた五〇〇人余が自由自在に蕃刀で活躍した。兵士たちが長い銃や指揮刀をもてあましている時、彼らは自在に進撃路を開いていく。現地部隊長も、高砂義勇隊員は人跡未踏のジャングルに分け入り、地勢を偵察、進路を阻《はば》む樹木を伐採、不眠不休で軍用道路を開設、その後の作戦に多大の貢献をした、と絶讃である。

『興南新聞』夕刊（一九四三年四月二四日）も、現地部隊長が高砂義勇隊の「超人的行動」を絶讃したとの記事を掲げ、地勢の偵察、樹木の伐採、軍用道路の開設を不眠不休でおこない、作戦に「多大の貢献」をしたとする。彼らは日本軍の腕章をつけることを誇りにし、命令に従順で、かつ日本軍人より勇敢、敵の中を通っていく搬送も拒否せず、むしろ自ら志願して任務を果たした、と。

つまり日本兵では対応困難なジャングルでの進撃路を、台湾原住民は台湾での経験を生かし、いとも簡単に蕃刀で切り開いていった。山岳地帯では、かなりの重量の荷物を小型天幕を利用して背負い、登っていくという驚異的力を発揮した者もいたという。

ただし、こうした重労働に関しては、義勇隊個々人はさまざまな感想を戦後もらしている。

荘銀池（第三回高砂義勇隊）によれば、

――ジャワ島では、規定によれば、三週間の苦役後、休息がとれるはずであった。確かに日本兵や台湾軍が組織した本島人勤労団には休息があった。にもかかわらず、義勇隊員には休息日が与えられず、不満だった。陸軍歩兵部隊は戦闘任務、義勇隊は戦闘支援部隊で、勤労団はいわば工兵である。勤労団は一個隊約五〇〇人、四、五個隊あるので二〇〇〇〜二五〇〇人もいる。勤労団は短期間での駐屯地造成などの専門技術を持っているが、ニューギニアに到着後、実質的に肉体労働をして飛行場修理、道路建設、橋などを完成させたのは義勇隊である。これは、台湾にいた時も同じで、従来から本島人は肉体労働はほとんどせず、建設現場で牛馬のごとくこき使われたのは高砂族であった。そういう根深い不信感がある。

また、ツオウ族の石友家（第三回高砂義勇隊）も、われわれには文字がないため、日本兵は高砂族を馬鹿にして奴隷のように扱い、さまざまな苦役に従事させた、飛行場、道路、橋、堤防はわれわれが完成させたのである、と言っている。

「不平不満をもらさず苦役に就いた」高砂義勇隊員であったが、一部には心の中でこうした不満もあったことは間違いない。

ワリス・バワン（中国名は許明貴、第四回高砂義勇隊）は、

——海軍陸戦隊所属となった後、部落の日本人警察に率いられて南洋に向かった。日本軍の南進訓練基地があるパラオ諸島のジャングルで一ヵ月のゲリラ訓練を受けた。訓練完了後、司令長官鎌田道章中将に率いられ、ニューギニアへと向かった。そこで、日本海軍第二特別根拠地隊に編入された。当時、日本はアジアで最強の艦隊を有していたが、新た

に占領したフィリピン、ニューギニア、ボルネオは地理的に日本から遠く、台湾からも近いとはいえず不利な状況にあった。その結果、海軍艦船の補修・整備のため、多くの占領地に臨時の軍港や湾岸警備部隊を置く必要に迫られた。こうしてニューギニアに第二特別根拠地を置き、日本軍の艦船の修理や補給、また医療行為などが実施された。日本海軍第九艦隊は第二特別根拠地を母港とし、ニューギニア防衛を担った。私は基地付近の巡察とアメリカ軍に対する偵察を任された。また、主力部隊が移動する時、前もって進路の安全を確認した。例えば、日本軍が夜明けにアメリカ軍を攻撃した時、不用意に川に飛び込めば鰐《わに》の餌食となるので、これらの安全も確認した。

高砂義勇隊員は、軍夫と同時に敵情偵察もおこなうようになったのである。

2 ニューギニア

ポートモレスビー

一九四二年三月、日本海軍陸戦隊と陸軍南海支隊の歩兵一個大隊が共同して、ポートモレスビーの攻略を目的に東部ニューギニア作戦を開始した。南海支隊は陸路でオーエンスタンレー山系を越えてポートモレスビーに向かうことになった。八月一八日、南海支隊はブナに上陸後、食糧一六日分を背負い、オーストラリア軍を撃破しつつ進軍した。九月一六日、ポートモレスビーの北西五〇キロにある高地の小部落イオリバイワを占領した。このように、日本軍にとって当初は順調に見えた。

四二年九月、連合軍ニューギニア部隊指揮官のロウエル将軍は、オーエンスタンレー山系の突破とモレスビーに向かう日本軍の軍事的成功の理由の一つとして、ジャングル戦における日本軍の「高度の訓練水準」により「わが軍は混乱し、いまだに日本軍」が「主導の地位」に立っている、と述べている。ジャングルにおけるゲリラ戦でこうした優位な特質を発揮したのは日本軍のなかでも、特に高砂義勇隊であった。

しかし、戦局は次第に米豪両軍の優勢へと移っていく。

ルデラン・ラマカウ（「川野栄一」）。父は日本人。第二回高砂義勇隊、南海支隊の歩兵工兵部隊所属）などによれば、四二年七月、ニューギニア北岸のバサヴァに上陸後、オーエンスタ

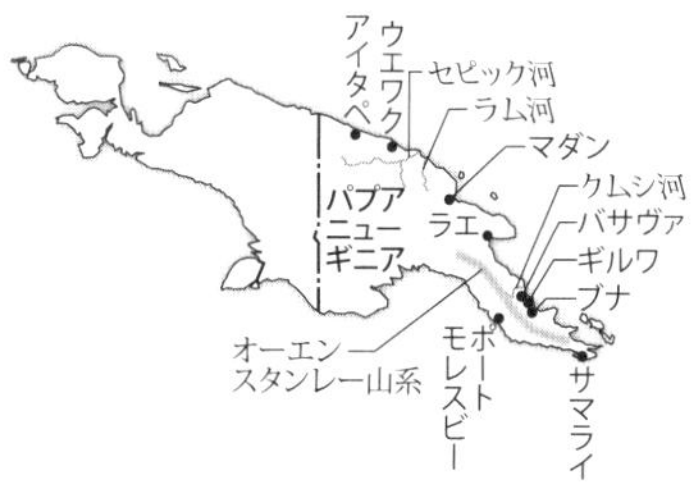

図5　ニューギニアでの主要な戦闘関連地図

ンレー山系を越えて、ポートモレスビー飛行場の光が見えた際、部隊の士気は高かった。そこにはマッカーサー率いるアメリカ兵二〇〇〇人とオーストラリア兵一万人が駐屯していた。一二月、ニューギニア北岸の日本軍の三大拠点の一つバサヴァが米豪連合軍の攻撃で陥落した。そこで、四三年一月、歩兵部隊のなかから破壊隊を組織した。枝元源市小隊長指揮下に高砂義勇隊員三人、日本兵一三人を選抜し、計一七人で、敵の砲兵陣地から一〇〇メートル離れた密林に到着した。その時、アメリカ兵はまるでクラブで遊んでいるかのように、陽気に歌をうたったり、口笛を吹いたりしていた。部隊はアメリカ軍の大砲二門などを破壊した。逃げる時には、右にも左にも敵が現れ、必死であった。部隊に辿り着いた時には、一〇人となっていた。こうした襲撃もおこなわれたが、局面打開には至らなかった。

ともあれ、圧倒的に優勢なオーストラリア軍によって南海支隊は後退を余儀なくされた。そのうえ、連日の豪雨と補給の杜絶により士気は低下した。結局、ポートモレスビー攻略を断念し、四二年一一月一〇日、全面的な退却を決定した。それに伴い歩兵第四一連隊も撤退を余儀なくされたが、クムシ河は氾濫《はんらん》し、極度に疲労した日本兵にとって渡河は容易ではなかった。小岩井少佐によれば、一四日、後衛に位置した小岩井大隊に対してオーストラリア軍が追尾して攻撃を加えてきたが、これは撃退することができた。ただ部隊には食糧もなく、道なき道のジャングルの湿地を歩きつづけ、消耗し、体力は奪われ、重火器、弾薬、ついには小銃までも捨てざるを得なくなった。各自が自らのことで精一杯で、傷病兵の担送を続ければ、一人のために全兵士が死んでしまうという切迫した事態に追い込まれた。落伍者数も増大の一途であった。このような悲惨な状況に陥ったのである。

軍夫から軍人へ

戦況の悪化にしたがい、高砂義勇隊員は輸送任務以外に、現地自活のための食糧調達、偵察諜報、さらには実際に銃をとって参戦していくことになった。当初、高砂義勇隊は日本軍属として短期間訓練されただけであったが、戦闘教練を一番喜んだという。元来、台湾原住民部落では長老への絶対服従の習慣があり、日本軍での上意下達、命令への絶対服従もさほど苦ではなかったようだ。

ところで、ニューギニア方面陸軍最高指揮官から第一回高砂義勇隊に対して「賞詞」（一九四三年五月一五日）が授与されている。隊長代理の枝元源市がそれを受け取った。その授与理由として、高砂義勇隊が、①空襲下でのニューギニア上陸を敢行したこと、②モレスビーに向かう山系横断作戦の先遣隊を務めたこと、③オーエンスタンレー山系を踏破、道路構築と補給輸送において任務を果たしたこと、④ギルワ付近の戦闘で敵を撃退し、包囲網を突破して補給輸送、患者護送を実施したこと、そして⑤決死隊に率先して参加し、敵の砲兵陣地を奇襲、破壊などブナ作戦遂行に貢献したことなどが挙げられている。こうした困難で危険な任務を次々とこなし、道路構築、補給など重要な軍夫としての役割は当然のこと、さらに決死隊になるなど、多面的な活動をしている。換言すれば、本来の軍夫としての役割だけでなく、やはり兵士としての役割を果たしたことが評価されているのである。

アミ族の周政吉（第二回高砂義勇隊）は、

——貨物船「富内丸」に乗船して高雄に行き、四三年七月軍艦に乗り換えマニラへと向かい、三、四日で到着した。ここで高砂族部隊は新たに編制され、小型艦艇に乗船したが、アメリカの潜水艦からの攻撃を恐れ、十数艦艇が編隊を組み、一週間も群島間を進んだ。その間、幸いにもアメリカの飛行機、軍艦、潜水艦に遭遇しなかった。パラオ諸島で義勇隊は遊撃隊に編入され、約一ヵ月、ゲリラ戦とジャングル戦の訓練を受けた。台湾での訓練内容と異なり、落とし穴の造り方と手榴弾使用法に重点が置かれた。その他、飲料水の作り方、野生動物の捕獲、魚を捕るヤス、漁網作成法などであった（これらは周政吉にとってすでに幼い頃、老人から教えられたことだった）。また椰子《やし》の実から澱粉《でんぷん》を作る方法（周知のごとく椰子からはコプラ脂もとれ、灯油、食用油となる）も父母から学んでいた。これらのことは日本人よりわれわれのほうが優れていると思い、自信となった。例えば、飲料水の作り方では数個の木箱に砂利や木炭を敷き、水を濾過《ろか》する方法を教えてもらっていた。なお、アミ族のみならず、ツオウ族にも独自で簡単な浄化法があった、という。

ともあれ、このように、軍夫から兵士へと比重が移っていったのである。そして「賞詞」でも明らかなように、次第に、軍夫としても兵士としても大きな役割を果たすようになったのである。

訓練でもゲリラ戦とともに、ジャングルで生き抜く術《すべ》が教えられたが、この点に関しては、台湾ですでに経験済みであった。いわば、高砂義勇隊は生まれながら、ジャングルでのゲリラ戦の素質を有していたといえよう。

斉藤特別義勇隊のゲリラ戦

一九四三年八月初旬、ニューギニアの戦況は制空権、制海権を奪われ、第五一師団などは連日死闘を繰り返しながら徐々に後退していた。そうした折り、打開策として、前述（第４章）のごとく高砂義勇隊員によって構成される斉藤特別義勇隊が成立した。

四三年八月半ば以降、戦局が急変。敵がラエ地区後方に上陸敢行、また空挺部隊がナサブ平原に降下した。これに対して日本軍はラエ地区の第五一師団に転戦を命じた。八月三一日、斉藤特別義勇隊にナサブ平原進撃の命が下った。その日、義勇隊員の間では夜の更《ふ》けるのも忘れて、酒杯が酌み交わされた。マラリア患者は残置。翌日と思われるが、ソウ本拠地から山道を通ってカイヤピットに突進した。義勇隊は直ちにゲリラ戦を展開し、昼は連日、敵戦闘機による銃撃に耐えながら、夜、闇に乗じて敵幕舎や宿営地を数回急襲した。

　四四年一月二日には、アメリカ軍がサイドルに上陸した。日本は友軍転進支援のため、シンゴルに急進した。食糧もほとんど底を尽き、また、転進中に山野で死去した将兵は実に三七〇〇人を超えていた。四月二二日、連合軍はついにアイタペ、ホーランジャ地区に上陸した。七月、義勇隊は敵後方の情報収集、特にアイタペ飛行場付近の偵察に当たり、二三日、軍司令部に帰還した。その頃、軍司令部は最後の力を振り絞って総攻撃を開始したが、多大な損害を出し、残存兵力が三〜五%となった部隊もあった。この時、第二八軍が孤立無援の状態に陥った。こうした状況を打開するため、ドリニューモ河（別称「板東川」）を渡河してアイタペ作戦を敢行したが、河は血に染まった。第二〇師団、第四一師団、第五一師団の戦死者は「一万二〇〇〇人」ともいわれた。

　アイタペから軍司令部に帰還して間もなく、第四一師団の二三七部隊が敵中で孤立していることを知り、斉藤特別義勇隊はその救出に出動した。すでに各部隊派遣の将校斥候は全滅していた。橋本末吉（第二八軍司令部付要員であるが、斉藤特別義勇隊に同行していた模様）によれば、「神仏に祈るしかない」との心境であった。幸いにも目と耳の冴えた高砂義勇兵がついている。夕方、最小限の義勇兵二人だけを伴い敵中に潜入した。翌日、部隊主力を脱出させ、さらに残存将兵二〇人も誘導して無事任務を完遂し、中井師団長を喜ばせた。アイタペ攻撃は九月四日に打ち切られ、日本軍はウエワク、ブーツ地区を中心とする迎撃態勢に入った。だが、食糧はほとんど皆無で、数多くの日本兵が、飢餓と病魔に襲われ沿道で死んだ（橋本末吉「高砂義勇兵の想い出」、前掲『高砂族兵士と共に』）。

四五年に入ると、戦況はさらに悪化し、第二〇師団正面の敵が肉迫し、連日激戦が続いた。一月下旬、斉藤特別義勇隊は敵の後方に回り輸送隊を攻撃し、敵の前進を少しでも遅らせることに努めた。二月、敵の攻撃はさらに熾烈《しれつ》になり、前線からの情報も友軍の玉砕など悲惨なものが多くなった。前線に出動していた猛虎挺身隊（後述）も大損害を受けた。五月下旬、軍命令で石井挺身隊とともにグクア飛行場を爆破せよとの命令が下った。敵中深く進入し、まず飛行場を攻撃した。帰路に敵約一個小隊を発見、夜間攻撃することとし、偵察の結果、敵幕舎四を確認した。そこで、爆破隊四人を先行させ、月の出を合図に爆破、続いて本隊を攻撃、殲滅《せんめつ》したが、この作戦中、部隊も戦死傷者を出すなど多大の損害を受けた。その後、敵は攻撃を強化し、前線では各部隊の玉砕が続いた。七月二五日、軍司令部により各部隊に玉砕命令が出た。八月一六日、最後の攻撃・玉砕のため、司令部から敵偵察に出発した時、「停戦」(日本敗戦)を知った(橋本末吉、同前)。

小俣洋三は以下の戦闘が忘れられないという。四五年初頭のことと考えられるが、第二〇師団下の中井支隊の撤退掩護《えんご》のため、最後尾の酒井中隊に配属された。敵砲兵陣地が終日偵察機の支援下で射撃するため、昼間はまったく行動できない。その時、中井支隊長より命令を受け、全禿山の敵砲兵陣地の爆破を決意し、高砂義勇隊員五人を連れて出かけた。当日、スコールを待ち、午前二時、砲兵陣地十数メートルに接近した。高砂義勇隊員が「歩哨《ほしょう》がこちらを向いているから近づかないほうがよい」と言う。半信半疑であったが、義勇隊員は夜目が利《き》く。彼が独りで行き、「首をとってくる」と言うので許可した。一五分後、隊員が首を引きずり、戻ってきた。その隊員の報告によると、残りの兵隊は幕舎二張りで寝ているという。そこで、義勇隊員五人が幕舎二張りに手榴弾を投擲《とうてき》した後、大砲二門を完全に爆破し、任務を完遂した。

「感状」

第一八軍司令官安達二十三《はたぞう》中将から斉藤特別義勇隊下の陸軍軍曹山田政治に対して「感状」(一九四五年六月三〇日)が出されている。それによると、山田軍曹ハ一九四三年五月……直ニ斉藤義勇隊ニ編入セラレ潜入攻撃ヲ目的トスル高砂義勇兵ノ訓練ニ精通シ、同年九月中井支隊ノ「カイヤピット」作戦ニ於テ「ザカラカ」付近ノ敵幹部幕舎ヲ爆砕シテ、初□ノ成功ヲ収メテ以来、引続キ爆破班長、斥候長、又ハ分隊長トシテ率先挺身常ニ先頭ニ立チ、……昭和二〇年五月ダリア飛行場及十国峠付近潜入攻撃ニ挺身シ多大ノ奏功ヲナセシモ十国峠付近ノ強襲ニ於テ終《ツイ》ニ壮烈ナル戦死ヲ遂ゲタリ。夫《ソ》レ人ノ難トシタル潜入攻撃ヲ創始シ……。今ヤ全軍各方面ニ於テ潜入攻撃ノ気運澎湃《ホウハイ》盛《サカン》ニ敢行セラレタル。

ここから、「潜入攻撃」を創始、実践したのは、斉藤特別義勇隊下の軍曹山田政治であったことが分かる。山田は戦死したとあり、死後授与であった。圧倒的軍事力を有する連合軍に対して、敵軍情報を探り、潜入、爆破して「多大ノ奏功」をなしたとする。この後、潜入攻撃は頻繁におこなわれることになる。ただし戦局を挽回するに足るものではなかった。

また、高砂義勇隊の活躍に関しては、陸軍少将中井増太郎から斉藤特別義勇隊に対して「賞詞」（一九四四年四月二九日）が授与されている。

昭和一九年二月支隊ガ中野集団収容ニ任ズルヤ「シボタ」付近ノ敵前拠点ヲ奇襲シ、其ノ進攻ヲ完全ニ封鎖シ、又長駆「ヨガヨガ」ニ前進シ、中野集団ノ連絡及其誘導ニ任ジ、爾後《ジゴ》約一ヶ月ニ亘《ワタ》リ山中ニ潜伏シテ当時軍ノ最モ懸念シアリタル集団遅留患者約四百ヲ収容シ以テ支隊及全般ノ作戦ヲ容易ナラシメタリ。此ノ間敵爆射殺約三百爆砕、野砲二、迫撃砲五、幕舎多数ノ戦果ヲ収メタリ。右ハ隊長ノ不屈不撓旺盛ナル責任観念及純正鞏固《キヨウコ》ナル指揮ト特定将校、下士官以下、高砂義勇兵ノ純粋ニシテ熱烈ナル尽忠報国ノ精神ニ因《ヨ》ルモノニシテ専《モツパラ》ニ他ノ範トスルニ足ル。

すなわち、隊長以下、高砂義勇兵が山中に一ヵ月留まり、攻撃の足かせとなる「遅留患者」の日本兵を救出、その後、攻撃し、戦果をあげ、他部隊の模範となる、と賞讃した。

激戦

一九四四年五月には、第一八軍は大高捜索隊（隊長大高定夫大尉）を編制して、西部ニューギニアのアレキサンダー山系などへ出撃を命じた。大高捜索隊一〇〇人中、約八〇人が台湾原住民であった。半年のゲリラ戦を終えて第一八軍司令部に帰還した時には、捜索部隊の日本兵と高砂義勇隊員との間に特別な生命共同体ともいえる人間関係が形成されていた。すぐに四五年元旦には、大高捜索隊は再編制の命を受け、その勇猛さから高砂義勇兵八〇人を主体とする精鋭遊撃隊「猛虎挺身隊」も成合正治大尉の下に結成され、ソナム河に出動し、オーストラリア軍に対してゲリラ戦を挑んでいる。

イリシガイ（第五回高砂義勇隊・猛虎挺身隊）によれば、その任務は敵部隊への潜入攻撃だった。まず敵の位置、人数、戦力、地形の綿密な調査をおこなった。そして、敵兵の死体から自動小銃、手榴弾をとりあげ、それを使用した。潜入攻撃は遊撃戦のなかでも最も困難で、高砂義勇隊の勇気だけでなく、この時も身軽さ、暗夜でも見える目、鼻と耳の敏感さ、それにジャングルを素足で歩き、音をたてないという独自の能力がかわれた。このように、台湾原住民は戦闘面などで特殊な能力を発揮しつづけた。

アミ族の周政吉が参加したニューギニアでの遊撃隊は計四〇〇人余であり、米豪連合軍は数万人であった。

――一人で数百人に対抗できるのか。それも主に爆薬と手榴弾と蕃刀だけで立ち向かう。とはいえ、義勇隊員は意気軒昂《けんこう》であり、ジャングル戦では日本人に自分たちの力量を認めさせる好機だと考えた。アメリカ軍はパラオ南部から上陸した。それに対する遊撃戦を展開した。その任務は爆弾でアメリカ軍の軍事施設などを破壊することであった。人数にあまりに差があるため昼を避け、夜に全力で攻撃した。情勢は不利であったが、われわれは一、二の駐屯地を破壊した。他方、アメリカ軍側は夜を避け、白昼にジャングルに捜索隊を派遣した。そうした時は、突然ジャングルから飛び出し、手榴弾、蕃刀で立ち向かった。まず手榴弾を投げつけ、その後、蕃刀で飛びかかった（第2章で述べたごとく初期の高砂義勇隊には、日本軍から銃が提供されていなかった）。彼らはカービン銃を「ダ・ダ・ダ・ダ……」と撃ちながら逃げ去った。義勇隊は健脚揃いで素足であり、アメリカ軍の銃を奪って追いかけ、攻撃した。こうしてニューギニアの遊撃戦が半年を過ぎた頃、部隊長は任務が終了したので、別の戦場に移動すると宣告した。そして、義勇隊員の働きを誉め、これ以降、日本兵のわれわれに対する差別はなくなり、敬意を払っているように感じられた。

その後、部隊はラバウルに移動したが、その状況はニューギニアよりもさらに悪かった。補給物資は届かず、アメリカ軍の人数と武器装備との差が非常に大きかった。そこで、昼は隠れていて夜に這い出し二、三時間襲撃するという作戦をとったが、このゲリラ生活を自ら「ムササビ生活」と自嘲的に言っていた。これを阻止するため、アメリカ軍は海岸線に三キロにわたる鉄条網を張った。そして、三つのアメリカ軍の兵営に計一五〇人の兵士がいた。攻撃の時、義勇隊は黄色火薬と手榴弾を持ち、蕃刀を背負った。導火線により火薬で爆破した。

野菜栽培

高砂義勇隊は畑作でも大きな力を発揮した。トアロノカン（中国名は劉徳禄、第三回高砂義勇隊、新竹）は、高雄で第一中隊第二小隊に編入された。その後、マニラを経てラバウルから上陸し、第一中隊は第二、第三各中隊と分かれた。

――第一中隊はオーストラリア上陸作戦を計画していたが、ガダルカナル島の近海でアメリカ軍の猛烈な爆撃と魚雷攻撃を受けた。幸いにも駆逐艦に救出された。その後、「布《ブ》干維爾《カウエル》島」（クックタウン東の小島）に駐屯していた第一七軍司令部の百武中将の下で、軍舎、道路の建設と、全軍の食糧確保を任務とし、農作物を栽培した。

アミ族の林黄木栄によれば、

――四三年、アメリカは次第に優勢になり、南洋への兵力を強化した。そこで、日本は食糧供給の必要から、日本商社（三井物産か）も徴用され、ニューギニアで野菜を栽培し、日本軍に供給した。義勇隊員は南洋作戦のため、軍糧補給の任務を担った。当初、日本商社は「約二五〇〇人」の徴用を申し込んだが、軍に拒絶され、五〇〇人となった。他の義勇隊員もそれぞれの会社に配分され、派遣された。

パプアニューギニアでは、ジャングルを開墾して農場とし、畑に野菜を植えた。土地ももともと肥えていた。屏東から出征した本島人が野菜栽培に責任を持った。彼の栽培技術はすばらしく、部隊の人々は皆喜んで手伝った。一ヵ月後、隊長は三、四十人を集荷場に集め、軍民機関や部隊に配給すると言った。当時、自動車がなく、すべて担《かつ》いで運んだ。農場から海岸の集荷場までの三、四キロを歩いて往復した。

ここにはオランダ人経営の農場があり、そこの娘は二〇歳、金髪で色白の美人であった。平和に過ごしていたが、ある日、日本警備隊に逮捕され、部隊に引き渡された。四四年一〇月、アメリカ軍が接近したとのことで、避難のため、乗船しようとした時、オランダ人娘が立っていた。彼女は兵士の慰安婦になっていた。おそらく陸戦隊に拘禁された家族を救うため、自ら苦界に入ったのだろう。

林黄木栄は、オランダが日本の「準敵国」だからといって、「オランダの民間人に対してこうした仕打ちが許されるのか」と憤慨する。

3 フィリピン

「バターン死の行進」

フィリピン方面は、日本軍の南方作戦全般からすると、当初重点が置かれてはいなかった。陸軍の主要作戦は当初「マレー作戦」、次いで「ジャワ作戦」、最後に「ビルマ作戦」に向けられた。ところが、戦争末期になると、フィリピンが日米戦争の焦点となり、日本軍側の戦闘態勢は万全ではなかった。

太平洋戦争が勃発すると、本間雅晴中将の指揮する第一四軍の主力は一九四一年一二月二二日にルソン島西岸のリンガエン湾に、また一部は東岸のラモン湾に上陸した。日本軍は南北から呼応しつつ進撃し、四二年一月二日首都マニラを占領した。これに対してマッカーサーは決戦を避け、バターンに立てこもった。だが、四月には日本軍がバターンを占領した。そして、五月初旬、アメリカ軍のコレヒドール要塞を攻略した。こうして、開戦以降、五ヵ月でフィリピンにおけるアメリカ軍の組織的な抵抗をいったんは終わらせた。アメリカ・フィリピン軍は降伏時、士気は衰え、食糧不足とマラリアの流行で極度に衰弱していた。他方、日本軍のほうも食糧、輸送に苦しんでおり、アメリカ・フィリピン軍降伏の際、捕虜に対する食糧、収容施設、輸送の準備ができていなかった。したがって、食糧の比較的供給しやすいサンフェルナンドまで捕虜を六〇キロも徒歩行軍させた。極度の衰弱と炎天下で多くの犠牲者を出した。いわゆる「バターン死の行進」である。日本軍は「準備ができていなかった」と弁解するが、もともと捕虜に対する配慮の意識があまりなかったのではないか。

パイワン族ルサレヤン・クレレ（日本名は「高野義雄」。第一回高砂義勇隊、高雄州）によれば、

——四二年三月一五日に高雄市役所に全台湾の高砂義勇隊が集結し、結成式が開催された。それも終わり、「共ニ靖国ノ神トナルベキ」との誓いの言葉を残し、万歳の声に送られながら高雄港を出発し、目的地ルソン島に上陸。山のごとく積まれた皇軍の砲弾、糧秣を見てその作戦準備に驚く。三月二七日、南方派遣最高指揮官の訓示後、「バターン攻略に参加せよ」との命令を受けた。翌日私は野戦病院に配属されたが、患者はいず、馬の世話をした。四月三日午前六時、総攻撃が始まった。日本軍の飛行機によるバターン爆撃を見ながら、高砂義勇隊員は命もこれまでと弾雨の中を前進しつづけた。一、二日と思っていたが昼夜行軍した。サマット山の山道は戦車、自動車、兵隊でごった返し、砂埃《すなぼこり》の中、先陣を争う。私たちは砲弾を積んだ馬をひいて後に続いたが、爆音に馬が幾度も暴れて悩まされた。激戦下で負傷者が前線から後送され、直ちに担架を担う任務についた。負傷兵は（戦えないことが）残念そうであり、これでこそ「日本ハ強インダ、又靖国ノ桜ノ花ノ

下ニ眠レルコトヲ唯一ノ名誉トシテイル皇軍ニシテ始メテ世界制覇ヲ成シ通（逐）ゲ得ルノダ」と感じた。

日本の南進が順調に見えた時期であり、高砂義勇隊員のルサレヤン・クレレも素直に日本軍勝利を確信し、微塵《みじん》も疑っていなかったようだ。

コレヒドール攻略作戦

日本軍側にも一九四二年五月のコレヒドール攻略作戦を前にした四月中旬以降、各部隊、特に第四師団にマラリアが爆発的に流行した。第一四軍参謀の中島義雄によれば、多い部隊では将兵の七五％以上がマラリアを発病した。なお、第四師団はマラリアだけではなく、デング熱にも苦しみ、双方の患者を合わせると三六〇〇人に及んだともいう。日本軍は四二年九月から同年末までの治安維持作戦を開始したが、八月七日、アメリカ軍のガダルカナル島への反攻が開始された。アメリカ軍のフィリピン接近に伴い、治安は悪化し、ゲリラ活動の活発化、民心の離反があり、「治安確保」が十分達成できないまま、決戦準備段階に突入した。

五月五日、コレヒドール敵前上陸の命令を受け、高砂義勇隊員も一八人が参戦した。弾が夕立のように船周辺に落ちてきた。進むに従いそれがますますひどくなった。そこで、枝元部隊長代理の命令で全員が海に飛び込んだ。〈それぞれ上陸すると〉腰に下げた蕃刀を握りしめ、飛び来る銃弾の中を戦車の後から米英の陣地に突入した。敵は両手をあげた。島のトンネル内は病院だった。患者や負傷者でいっぱいで女もいた。「高砂族デアッタナラソレコソ皆殺シニスル筈《ハズ》デアロウ。然《シカ》シ日本ノ兵隊サンハ……降参シタ者、傷（ツ）イタ者、弱ッタ者ヲイタワリ実ニ親切」（「高野義雄」〈第一回高砂義勇隊〉の「殿下宛」書簡、林えいだい編『台湾植民地統治史』、梓書院、一九九五年、所収）という。この後、台湾の高雄出身者のみで構成される高雄隊はミンダナオに向かった。

なお、本間雅晴は四〇年、台湾軍司令官、四一年一一月、第一四軍司令官になり、フィリピン攻略作戦を指揮するが、バターン、コレヒドール攻略に手間取り、その責任を負わされた。周知のごとく日本敗戦後、マニラの戦犯裁判で「バターン死の行進」の責任を問われ、四六年四月に処刑されている。

マスメディアによる鼓舞

では、日本のメディアはいかなる役割を果たしたのか。『朝日新聞台湾版』は高砂義勇隊の「陣中日記」を掲載し（一九四三年八月八日）、バターン、コレヒドール作戦以降の臨場感溢れる勇敢な戦闘模様を伝える。

□月□日（□は掲載新聞自体の伏せ字）「ますます敵機の空襲はひどくなってきた。二、三十機からなる敵の編隊がやってきた。この日味方の高射砲陣地から猛烈な火を吐きはじめた。ああおちるおちる、一機、二機、三機と火を吐いて撃ち落とされて行くのを隊員達」は眺めた。「死というものが眼中にない皇軍のこの奮闘ぶりには驚嘆の外なかった」。

□月□日「午前八時敵機の空襲はますます苛烈を極めた。この日不幸にも義勇隊員から四名の死傷者を出したのでわれわれはこの戦友の仇を必ず討たねばならない」。

□月□日「第二次高砂義勇隊に邂逅《かいこう》する。……この十日間というもの草の根で飢（え）をしのぎ、野生の椰子の実で渇（き）をいやしていたので隊員が持参の月桂冠（日本酒）一本と煙草とキャラメルには自分達は躍り上って喜んだ」。

□月□日「再会を約して第二次高砂義勇隊とお別れした。……われわれは工兵隊に協力して密林を拓き道路を造り……橋をつくるなど……苦労はなみ大抵ではなかったが一人も落伍するものなく黙々として働いた」。

このように、日本軍の高射砲などによる戦闘力への高砂義勇隊員の素朴な驚き、また食糧不足の下で苦闘しながらも勇敢に戦闘を継続していることを強調している。この記事から正確な戦争実態を読み取ることは難しく、台湾原住民を中心に銃後の社会を鼓舞する効果を持った。すなわち、『大阪朝日新聞台湾版』、『朝日新聞台湾版』、『興南新聞』等々、当時のマスコミは日本の国策に則って原住民の戦争熱を鼓舞し、煽動した。もちろん、日本語は話せても字を読めない人々も多数いたが、日本人警察や頭目、原住民識字者が代わりに皆を集めて読んで聞かせ、その後、口伝えに各部落を越えて一挙に流布していった。

しかし一方、大丸常夫（第三回高砂義勇隊指揮官・小隊長）は帰還できない高砂義勇隊員の苦悩を伝えている。四四年一月、大丸は、義勇隊員七人を引率し、「英霊四二柱」とその遺留品を台湾軍司令部に引き渡すため、フィリピンから台湾への出張を命じられた。三月九日、大丸は台北の台湾軍司令部に行き、そこで次のように陳述した。「軍人勅諭の中にも、一つ軍人は信義を重んずべしとあ（る）。……比島作戦に参加せる第一回高砂義勇隊は六箇月にして解除を見おるに反し、我々第三回義勇隊に至っては昭和一七（一九四二）年一〇月以来、既に一年六箇月にも及んでいる。……契約期限の実現方に関して、ご努力を願い申し上げたく……陳情せり」（林えいだい『証言　台湾高砂義勇隊』、草風館、一九九八年）と、現地での苦難と苦痛を伝えた。それに対して台湾軍司令部は、国運の重大事、船舶不足などを挙げ、我慢を要請している。激戦地域で、かつ補給や自給が困難なかで帰還許可が出ないことは、「死」をも意味する苛酷なものだった。なお、大丸と隊員七人は命令により戦地復帰する必要がなくなった。

こうした状況下で、第一回高砂義勇隊こそ、残留組一〇〇人を除き、ほぼ約束の期限どおり帰還できたが、戦況悪化とともに各回高砂義勇隊全体の残留問題が生じはじめた。それは、第二〜七回高砂義勇隊が互いに入れ替わることなく重複して戦場におり、軍夫、もしくは兵士としての役割を果たしていたことを意味する。繰り返すが、高砂特別志願兵とも離合集散しながら戦った可能性が強い。

四四年九月、南洋各地の日本軍がアメリカ軍の大空襲に遭い、一〇月二三日（〜二五日）のレイテ沖海戦で日本連合艦隊は壊滅した。その結果、「生命線」とされた南方と本土間の輸送は完全に遮断された。劣勢な日本軍は、レイテ沖海戦前後に状況打開のため各種の特攻隊を組織した。

4　グライダーによる薫高砂族特攻隊と激戦下の高砂兵

日本軍は一九四四年一〇月一八日「捷《しょう》一号作戦」を発令し、海軍神風特攻隊、続いて陸軍特攻隊が敵艦隊に次々と突入した。これについて、日本人による特攻のみが強調されるが、実は高砂薫《かおる》空挺特攻隊（以下、薫空挺隊）も神風特攻隊、陸軍特攻隊とともに太平洋戦争最初の特攻隊の一つである。

薫空挺隊は特別志願兵のなかから選抜され、中野学校出身者によって、前章で述べたごとく台湾の湖口演習場で、遊撃戦の訓練を受けた。四四年五月高雄港を出航して、ルソン島で最後の突撃訓練をおこない、第四航空隊指揮下でレイテ島のブラウエン飛行場奇襲の命令を受けた。

隊長の中重男中尉（大分県中津出身。陸軍士官学校卒業後、陸軍中野学校で遊撃戦専攻）以下、当初、隊員六〇人で、そのうち台湾原住民が四八人、八〇％を占めた。そして、四四年一一月、薫空挺隊による奇襲作戦を決行することとなり、高砂義勇隊の「義」の字をとり「義号作戦」と称された。敵に察知されないため、飛行音を出さないグライダーを使用するという奇抜なものであった。

一一月二六日、レイテ島の戦局挽回を目指す日本陸軍第二〇八戦隊・桐村浩三中尉らが操縦する零式輸送機四機に引かれたグライダー三機（義勇隊員各三〇人とされるので、実際は計約九〇人か）がリパー基地を出発した。各自爆薬、軽機関銃、食糧三日分を携帯していた。そして、ブラウエン飛行場、タクロバン飛行場、ドラッグ飛行場の三地点に向かった。途中で切り離され、胴体着陸を強行してアメリカ軍に斬り込んだ。例えば、レイテ島ドラッグ飛行場へ胴体着陸した部隊は、敵機二〇機、および燃料を爆破した（ただ戦果については諸説ある）。だが、陸路から支援予定の部隊が未着のため、激烈な戦闘の結果、全員戦死した。薫空挺隊は大本営直轄の秘密特攻隊で、「帰らざる部隊」として最初から「確実な死」が約束されていたという。続いて一二月、レイテ戦最後の日本兵のみの決死隊五五〇人による「和号作戦」が決行された。結局、これら特攻隊による戦局挽回の展望などなく、隊員は無謀な計画の下で死んでいった。

なお、シラン・アバオ（日本名「秋野志郎」、台北州）は薫空挺隊の唯一の生き残りで、アメーバ赤痢に罹《かか》って「義号作戦」に参加できず、台湾に後送された。入院中の病院で見た新聞には大きく「レイテ島攻撃成功」とのニュースが出ていた。自分が乗るはずであったグライダーが強行着陸、敵の飛行機を爆破した。シラン・アバオは、「ヤッタ」と言った後、「私一人を残して」と思うと涙が止まらなかった、という。

和田芳三（中野学校卒。第二中隊所属か）は、四四年五月二七日、高雄港を出帆、マニラに上陸した。第一中隊は当地の警備に当たり、第二中隊は二〇日間駐留後、マニラを出航、七月五日、ハルマヘラ島のガレラに上陸した。先着の第三、第四中隊要員二五四人と中野学校出身者一八人のほか、二一人が編入され、病気で不参加の三人を除いて、総勢四八二人となった。七月一二日、第二遊撃隊の編制が完了、九月一五日、アメリカ軍の上陸により戦闘が開始された。マニラで別れた第一中隊は薫空挺部隊、および海上の挺身攻撃により、レイテ決戦で玉砕したという。

捷一号作戦下の斬込隊に参加した烏来タイヤル族のターナ・タイモ(日本名「林源治」)の略歴を見ておきたい。彼は一九一七年一〇月五日、烏来郷ラハウ社頭目ワリス・タイモの嫡男として生まれ、台北州立農業講習所卒。太平洋戦争が勃発すると、四二年一月、フィリピン戦線に第一回高砂義勇隊員として参加して、バターン半島、コレヒドール要塞攻撃に参戦、六月帰郷。四三年一一月、陸軍特別志願兵として台湾歩兵第一連隊に入隊、新竹で遊撃戦の訓練を受ける。四四年五月、高雄を出発、六月二日、マニラ着、再び遊撃戦の訓練を受ける。七月、遊撃隊の編制を終え、モロタイ島に上陸した。二四日、「捷一号比島方面決戦」の発令を受けた。八月、五〇〇人で爆薬・食糧の陸揚げをおこなった。川島部隊の第三中隊に配属され、九月に同島にアメリカ軍が上陸したため、第一次斬込隊、一〇月、第二次斬込隊として西海岸ビローを攻撃した。一二月二五日に四〇高地を攻撃したが、それ以降は食糧確保作戦に転換した。第三二師団長の命令によりマカン作戦、戦死二九五人。四五年一月、第三二師団との無線通信が杜絶した。アメリカ軍による海・空包囲網がさらに縮まる。二月、モロタイ各部隊は島北方に移動した。五月一二日、最後の斬込隊（結局、斬込隊は計一一回実施され、いたずらに戦死者を増大させた）。ターナ・タイモは奇跡的に修羅場のような戦場から生還できた。この略歴から分かるように、最初、高砂義勇隊員であり、いったん台湾に戻った後、陸軍特別志願兵として出兵している。一人の人間が高砂義勇隊員と陸軍特別志願兵として連続して南洋出征した一例といえる。

また、アミ族の林春義の参加した「拓南勤務隊」を紹介しておきたい。これはいわゆる高砂義勇隊員ではなく、農業技術の改良、野菜増産などを目的に南洋の戦場に向かった部隊である。にもかかわらず、海軍陸戦隊に編入され、ゲリラ戦を戦うことになる。その構成員は台湾南部の高砂族と本島人の計三〇〇人である。

——四四年五月、高雄を出航し、マニラに向かった。当初、シンガポールに立ち寄る予定であったが、戦争激化のため封鎖されており、変更を余儀なくされた。隊長は本島人の廖年旺《りようねんおう》（日本名「牧園洋一」）で、七、八隻の輸送船で南下し、隊員の半数が高砂族であった。マニラに行く途中、アメリカ軍の魚雷を避けるため、通常三日で到着するところ、八日間もかけて迂回しながら進んだ。にもかかわらず、四日目の夜八時、艦上の海軍監視員が「魚雷発見！」と叫んだ。なんとか避けたが、夜一〇時、再び「魚雷発見」と叫んだ。間一髪で避けたようで、大波により船は激しく揺れた。

結局のところ林春義は体調不良で一ヵ月マニラの病院に入院した。

――一ヵ月後、「拓南勤務隊」が出発することになり、ネグロス島のバコロドで土地開墾を開始した。それを四ヵ月続けているうち戦争が緊迫の度を増し、「拓南勤務隊」は新たに編制し直された。当時、「蔬菜分隊」（白菜、里芋、ほうれん草など）と「捕魚分隊」に分けられた。フィリピンの農業は非常に後れており、われわれは開墾し、豊富な水源を利用して水田を造り、また現地人に農業技術を教えた。

戦争が次第に激烈さを増したことから、「拓南勤務隊」は海軍陸戦隊に編入され、海軍第一〇三師団軍需部の部隊（部隊長渡邊順一、階級未詳）所属となった。一ヵ月かけて、アメリカ軍上陸に応戦する準備をした。渡邊の指示下で散兵壕を掘り、夜は守備に当たった。元昼は巡回警備し、夜は散兵壕で警備した。敵の攻撃を独りで監視するのは恐怖である。元来、開拓隊として来たのに、なぜこんなことをしているのかと思った。アメリカ軍の軍艦数十隻がすでに島を包囲しており、いつ上陸してくるか分からない状況であった。ある日の午後、白昼移動中の敵軍を発見、夜、ゲリラ戦をおこなう命令が下った。夜、攻撃し、一週間ごとに他の場所に移動する。同じところに留まると、敵に察知され危険だからだ。ジャングル深く移動している時、最も恐ろしいのは敵機の来襲である。まず敵の観測機が音も出さず上空を経過し、日本軍の電波通信を妨害する。日本軍が白煙砲で通信しようとすると、白煙が上がったところに幾百個の砲弾が降ってきた。

5 情報戦とゲリラ戦、そして信頼

アメリカ軍は日中に飛行場を建設し、駐屯地を整備した。日本軍側はあまりに人数が少なく、白昼は遊撃戦ができず、夜に全力で攻撃した。こうして、高砂義勇隊は戦争終結までの期間にニューギニアで、四つの飛行場を破壊した。初期には遊撃戦の時、日本軍は高砂義勇隊に歩兵銃を供給しなかった。致し方なく手榴弾を投げ込んだ後、喊声《かんせい》を上げながら蕃刀で戦った。するとアメリカ軍は蕃刀による接近戦を恐れ、銃を撃ちながら逃げ出した（石友家「為生活而戦」『征憶』、原住民委員会、二〇一五年）。

高砂義勇隊員は耳がよく、ジャングルの中で「敵が来た」ことを教えた。さらに高砂義勇隊員は鳥の鳴き声の変化から敵の接近を聞き取った。第1章で述べたように習俗として鳥占いをしており、鳥の鳴き声や羽ばたきに敏感であっただろう。こうして、日本人隊長も高砂義勇隊員の特殊な能力を再認識しはじめ、アメリカ軍への襲撃などには必ず高砂義勇隊員一〇人前後を伴い少人数で行動した。まず敵陣営を調査し、襲撃路と撤退路を決定した。そして、通常、三八式歩兵銃を持ち、静かに一歩一歩敵に接近し、攻撃の時、まず敵の歩哨を殺害した後、五分から一〇分間、潜入攻撃をする。その後、直ちに各自が別れて撤退し、集合地点で落ち合う。ところが、日本兵はジャングル内で東西南北が分からない。湿っている場合は足跡が残るが、乾燥している時はそれが残らず、迷路となる。ジャングルを彷徨《さまよ》いつづければ、落命する危険性すらあった。日本兵はしばしば迷い、高砂義勇隊員が探しに行った。

某中尉によれば、「高砂義勇隊員の活躍は、今や南太平洋戦線の全将兵から絶大なる讃辞と深い信頼を寄せられている」、あらゆる悪条件を克服し、兵站線の確保から傷病兵の看護に至るまで実に涙ぐましいほどの働きを続けている。弾丸雨飛の中を隊員は弾丸運びに、食糧運搬に、傷病兵の後送に従事している。私は南方前線で負傷した時、肉親にも劣らぬ看護を受けた。私が後送されるまで何日もかかったが、隊員四人は乗船するまで寝食を忘れて献身的な看護をし、長時間担架を担いだため四人の肩から血が滲《にじ》み出た。宿営地では、真っ先に芭蕉の葉を切り集めて瞬く間に小屋を作り、雑草をかり集めて、そのうえに傷兵を寝かせ、食事の用意にとりかかる。彼らは「米は兵隊に食べてもらいたい」と言って自らは口にしない。また、パパイヤの葉で即製の煙草を作り、兵隊に勧める。隊員は「どんな苦しい戦闘や行軍にも一人の落伍者もなく将兵とまったく同じ気持ちで」頑張っている、と。

このように、高砂義勇隊は日本兵の全幅の信頼を受けるようになっていた。

こうしたエピソードもある。敵の制空権下で草原を横切るのはきわめて危険な行動であった。この時、高砂義勇隊員は草木で完全偽装した。横切ることに成功後、彼らが草を丁寧に抜いて丸めているので聞くと、これは野生の煙草の葉という。偽装の際、使用と同時に乾燥させて、その後、煙草として喫うという。一石二鳥である。

このように、高砂義勇隊員は台湾での山地生活の経験から、自然を積極的に利用し、戦地、ジャングルでも生き抜く術を知っていたといえよう。

第6章　南洋戦場の実相

1　ああニューギニア

厳しい戦争状況について述べてきた。ここからさらに深く掘り下げてその実態に迫りたい。

日本軍は熱帯ジャングルという未知の世界に入り込んだ。そこは予測を上回る世界であった。まず知っておくべき必要があるのは、ニューギニアが暑さ、湿度、スコールなど、世界でも最も激しい気候地域であるということだ。日本は温帯で気候は中庸なのに対して、ニューギニアは湿度が高く極度に暑く植物は密生している。そこで、日本兵は気候、ジャングルに適応できない。そのうえ、至る所で蚊、蠅、蛭《ひる》、ダニ、蟻などが襲ってきた。こうした環境下で、日本兵のなかにマラリア、デング熱、さらにアメーバ赤痢、熱帯性潰瘍《かいよう》が発生した。また、軍靴の補給もなくなり、履いている軍靴は手入れする油もなく固くなり破れる。日本兵は軍靴を履かなくては一歩も歩けず、戦うどころではなくなる。

ロシン・ユーラオへのインタビュー

菊池：ニューギニアで一番苦労したことは何ですか。

ロシン・ユーラオ：とにかく病気が多かった。行軍していると、多くの蚊がついてくる。マラリアとか赤痢、そして熱帯性潰瘍がある。熱帯性潰瘍は恐ろしいよ。それに罹《かか》ると、身体が腐れてくる。なぜそうなるのか、理由は知らない。戦闘で死んだのは三、四人。だから、大部分は病気で死んだ。……僕は弟二人とともに出征したが、兄弟で帰ってこれたのは僕だけです。

菊池：遺体はどうしたのですか。

ロシン・ユーラオ：遺体はその辺にたくさんころがっていた。日本兵が死んだ時は、戦友が遺体から髪を切ったり、指などを切り取ったりしていた。日本の遺族に持って帰るのでしょう。高砂族の場合、芭蕉などの大きな葉でくるんで、そこに置いてきました。

菊池：食糧不足もたいへんだったのでしょう？

ロシン・ユーラオ：食糧不足はたいへんなんてものじゃなかった。……最初、日本軍は米を一ヵ月分準備していた。前線にも米をたくさん持っていった。けれどもアメリカ軍にすべて爆破されて、米がなくなってしまった。仕方なく現地人の芋とかバナナとかをとって食べた。日本軍が行くと、現地人は山の中に逃げるでしょう。そこで、芋を持って帰る。それに日本軍の宣伝がいき届いていたので、とられても反対（抵抗か？）しなかった。……ところで、大きな河、小さな河のところで、大きな戦闘が五回もあった。その他、小さな戦闘はたくさんあり、約三年間、戦いつづけた。

菊池：食糧は芋、バナナ以外、どのようなものを食べましたか。

ロシン・ユーラオ：日本軍から銃剣を与えられていたので、鉄砲で鳥や猪を撃ち、食糧とした。僕は猪を三八頭も捕った。猪は鉄砲だけじゃなく、罠でも捕まえた。部隊の者や日本人隊長が食べた。

田来富（第七回高砂義勇隊）によれば、一九四二年、日本軍はニューギニアを占領して飛行場を建設した。その時、連合軍は戦闘力のかなり低いオーストラリア軍が相手だったが、同軍も本腰を入れはじめ、戦闘力が強化され、日本軍をうち破り、一二月、ブナを占領した。その後、形勢は逆転しはじめた。だが、日本軍も頑強に抵抗し、激烈な戦闘となった。その時、日本兵は捕虜になることを願わず、多くは自殺したり、海に飛び込んだ。

四三年一月になると、オーストラリア軍のみならず、アメリカ軍が参戦した。その結果、日本軍は大打撃を受け、一、二個旅団の日本兵が戦死した。とはいえ、日本軍も米豪連合軍に反撃した。アメリカ軍は日本軍の増援部隊を阻止するため、三月、延べ一〇〇余機の爆撃機を大量動員し、日本軍輸送船を空爆した。こうして人員三五〇〇人とともに燃料、補給物資も大海の藻屑《もくず》と消えた。

現地人からの略奪

日本軍の宣撫工作では、まず現地の酋長と友好的な関係を持つため、酒、煙草、食糧を与えたが、これは高砂義勇隊の仲介がなければ難しかった。日本軍は現地人にすぐに農作物運搬などの労役をさせようとしたが、彼らは嫌がった。「軍票を与えればよい」と言うが、現地人にとってはただの紙切れである。むしろ義勇隊員が覚えたての現地語で話しかけると、すぐに親しくなった。そのうえ、驚くべきことであるが、モロタイ島ではパイワン族の言語と現地人の使う言葉が六割も通じたのである。現地人側も自分の住居に来た日本兵、高砂義勇隊員を客人としてもてなし、食事を出し、かつ道案内してくれるなど、歓待してくれたこともあった（「小俣洋三さんよりの便り」、門脇朝秀編『台湾から友を迎えて』）。このように、高砂義勇隊は現地に溶け込んで宣撫、情報、食糧確保に威力を発揮した。日本兵では難しい現地人との融和も難なくこなしたのである。

このことは、中村数内（副官・第五回高砂義勇隊）の言からも裏づけられる。当初、現地人がヤム芋、サゴ椰子澱粉、椰子の実、バナナ、パパイヤなどを提供してくれ、米や食塩以外には不足を感じなかった。また、義勇隊員は、猟で一日に猪三頭（重さ六〇キロ平均）、また火食鳥《ひくいどり》（六〇キロ以上。走鳥類で「カズワル」とも称す）をとり、部隊のみならず、現地人にも配分した。また、三八式歩兵銃で撃ち落とした極楽鳥も食べ、その羽は現地人壮年の髪飾り用に提供して喜ばれた。こうして高砂族を通じて、現地人の信用を得た。高砂義勇隊員が媒介することで、当初、現地人との関係は総じて悪くなかった。だが、食糧不足になると、日本軍は現地人の畑を荒らして農作物を公然と盗んだ。当初、現地人は日本軍よりもアメリカ軍を警戒し、芋をとられても文句を言わず、不満を感じながらも許容していた。

しかし、日本軍の強圧的態度から現地人との関係は次第に険悪化していく。日本兵の農作物略奪も激しくなり、現地人部落の畑から根こそぎ取り尽くした。そのうえに強制労働が加わった。結局、現地人担送隊が逃亡し、義勇隊員がすべての糧秣搬送を担当しなければならなくなった。バヤン・ナウィ（第五回高砂義勇隊、タイヤル族）によれば、日本兵が畑の農作物を略奪し、また、現地人が放し飼いにしている豚を食糧にした。そのうえ、強姦もしたので、現地人は反発を強め、報復を始めた。その結果、現地人がオーストラリア軍情報機関に日本軍の情報を提供するようになった。現地人六人はアメリカ軍機に鏡の反射で信号を送り、日本軍の司令部や地下壕の位置、および兵隊数などを知らせた。日本軍は彼らを尋問した後、蕃刀で六人とも処刑した。その後、現地人の目はさらに険しくなった。

食糧がない

アミ族の林黄木栄（第七回高砂義勇隊）によれば、

――商社（三井物産か）の農場に到着した後、高砂義勇隊員だけで野菜栽培の任務を遂行したわけではない。日本軍は現地人を徴集し、栽培を手伝わせた。その野菜は一個師団に当たる約二万五〇〇〇人分だから、量は半端《はんぱ》ではない。パプアは本来人口は多くなく、そのうえ、日本軍が来た時、現地人は密林の中に逃げ込んでしまっていた。そこで、日本軍は周辺諸島の現地人を動員しようとしたが、その命令を聞かない。のみならず抵抗し、動員を命じる民政部の役人や警官を殺害した。最終的に日本軍は強硬手段に転じ、陸戦隊を派遣し、数多くの現地人を射殺、虐殺、鎮圧した。この後、現地人は否応なく日本軍の命令を聞かざるを得なくなり、近隣各島からパプアに強制的に送られてきたのである。なお、現地人の農法は旧来の焼き畑農業で、これでは時間がかかりすぎる。パプアでは野菜の生長がきわめて速く、種を播いた後、三〇日余りで収穫できる。私は現地人婦女隊三、四十人の指導のため派遣され、野菜を三、四キロ先の出荷場まで運ばせた。

ニューギニアでは何度となく戦闘があった。高砂義勇隊はアメリカ軍との戦闘を恐れていなかった。なぜならアメリカ軍はジャングルの中での戦闘が不得意で、機敏に行動できなかったからだ。とはいえ、アメリカ軍の爆撃機は恐ろしかった。アメリカ本土からニューギニアまで地理的にかなりの距離があるはずだったが、アメリカ軍はオーストラリアを拠点とすることで、至近距離からの攻撃も補給も容易だったのである。こうしてアメリカ軍の頻繁な空爆に直面せざるを得なくなった。日本軍は初期には航空母艦と零戦で優位であったが、すでにミッドウェイ海戦で敗北し、状況は一変した。日本軍はアメリカの航空母艦一隻を撃沈したことのみ喧伝《けんでん》し、自らが航空母艦四隻を失ったことを公表しなかった。ニューギニアの日本軍航空隊はアメリカ軍に撃墜されたほか、多数の食糧倉庫や弾薬倉庫は爆弾で破壊された。また、日本軍の海上補給線はすでにアメリカ軍によって切断されていた。こうして、日本軍の食糧は極度に不足することになった。

アメリカ軍は日本軍占領のニューギニア各地域を攻略しはじめた。日本軍はジャングルに撤退せざるを得なくなった。この時は高砂義勇隊員はすでに遊撃隊に編入されていた。

その後、高砂義勇隊は先にモロタイ島に行き、守備任務に当たった。アメリカ軍がモロタイ島に上陸したので、高砂義勇隊は攻撃を開始した。当初、アメリカ軍には戦闘経験のない若者も多く、待ち伏せに気づかず、人影を見ると、恐怖のあまり銃を乱射したりした。とはいえ、アメリカ軍の武力の優位は圧倒的であり、日本軍の飛行場は占領された。これでは食糧補給が完全に途絶える。高砂義勇隊員はそれでも適応できたが、日本兵は焦りはじめた。日本人部隊長は、アメリカ軍への攻撃ではなく、食糧確保を命じた。その際、部隊長は高砂義勇隊員がなぜ元気なのか不思議がり、軍糧を盗んで隠しているのではないかと疑った。これには、高砂義勇隊員はかなり気分を害したと思うが、モロタイ島には食糧にできる自然の果実が少なくないこと、バナナの木の芯《しん》が食べられることなどを説明した。日本兵は椰子の実などのほか、自然の食物に関してまったく知識がなかったのである。こうして高砂義勇隊の主要任務は食糧探しとなった。日本軍からの補給が皆無に等しいなかで、アメリカ軍から奪った食糧と高砂義勇隊員が持ってくる野生の動植物が日本軍の命の糧《かて》であった。高砂義勇隊員は罠を掛け、猪、鹿などを捕ったが、日本兵は銃を使用して狩りをするだけで、罠の掛け方すら知らない。

ところで、アメリカ軍による第二特別駐屯地への空爆の時、何発かの爆弾が海に投下された。空爆が終わると、海面には大量の魚が浮かんでいた。義勇隊員はそれを見て喜び、皆で飛び出していって浮いている魚を次々と集め、焼かずにすぐに食べた。焼くと煙が立ち上り、再度、空爆されるおそれがあったからである。日本兵の一人はそれを見て病虫害の危険性があり、不衛生だと怒った。だが、結局、日本兵も飢えに耐えきれず、「魚を分けてくれ」と言った。また、塩は体力を維持するうえで必要不可欠であった。パイワン族のダルパン・ポキリガン（第五回高砂義勇隊、屏東県）によれば、戦争激化によって海岸での塩製造が困難さを増した。何とか爆撃の合間をぬって海水を汲んで、ドラム缶で煮詰めて塩を製造した。わずかな塩を舐《な》めるだけでも疲労が回復したという。

2 ジャングル生活

アメリカ軍の侵攻によって日本軍はジャングルの中へ全面的に撤退せざるを得なくなった。悲惨な状況が続いた。例えばジャングルに入り移動中、アメリカ軍の空爆で倒木の下敷きになった日本兵がいた。皆で力を合わせて木をどけようとしたが、どうしてもその木を動かせなかった。「助けてくれ、助けてくれ」と日本兵は叫んだが、攻撃は激烈で皆なす術《すべ》なく、その場を離れるしかなかった。その日本兵の泣き声はずっと遠くまで聞こえていた。こうした例は数えきれない。

ツオウ族の石友家（第三回高砂義勇隊）によれば、

――アメリカ軍に包囲されて日本軍部隊は崩壊し、アメリカ軍を避けてジャングルの中を逃げ回るしかなかった。こうした状況下で各高砂義勇隊員に歩兵銃が初めて配給された。それを受け取った時、日本兵がやっと我々を認めたと思い嬉しかった。ただし全体で一〇〇人以上の遊撃隊員の食事準備は至難の業《わざ》だった。食物はジャングルで探すか、アメリカ軍から略奪するしかない。

とはいえ、すでに弾薬もなく、アメリカ軍を攻撃するどころではなく、各小隊の日本兵と高砂義勇隊員は手分けして食糧を探した。だが、日本兵は食べることができる植物か否か識別できなかった。海軍兵学校出身の将校は作戦計画はうまいが、ジャングル戦には不適であったのである。熱帯植物の識別は難しく、毒草と知らず食し、死ぬほどの苦しみを味わった者、実際に狂い死にした者もいる。だが、南洋諸島の植物は台湾のそれと似ていた。高砂義勇隊員は鳥を捕獲すると、必ず胃の中を調べた。鳥が食べても安全なものは人間にも安全だからだ。こうした面でも台湾原住民の智恵が遺憾なく発揮されたのである。そこで、何が食べられ、食べられないかを日本兵に伝えた。

そのうえ、椰子の木に登って実を落とす作業も日本兵にはできない。銃剣は人を刺す以外、役に立たず、ジャングルを進むのも、サゴ椰子から澱粉《でんぷん》をとる作業も、椰子の葉で屋根を葺《ふ》くのも、猪の調理にも蕃刀が必要であった。食糧不足がさらに深刻化すると、高砂義勇隊員が見つける食糧しかなく、日本兵を「敵よりも恐ろしい飢えから守った」とされる。日本兵ばかりではない。頑強に見えた朝鮮志願兵も弱音を吐き、食糧難から肉体的抵抗力を失い、マラリアに冒され、痩せ細っていった。朝鮮志願兵は高砂義勇隊員はなぜ身体が強いのか、と不思議そうであった。マングローブの木に登り、籐《とう》を蕃刀で切ってその樹液を彼らに飲ませた。これは肺病の特効薬である。また、その芯を焼いて食べさせた。

日本軍の兵隊は大量にいて、それでは間に合わず、飢餓状態に陥る。ニューギニアは他の島と同じで、食糧になる動物がそれほど多いわけではなく、常に捕れるとは限らない。昔、台湾で部落で老人から学んだ伝統的な狩猟技術で鳥や野獣を捕らえ、命を繋《つな》いだ。鰐《わに》が貴重なタンパク質源だった。川では鰐に襲われ、日本兵が犠牲になる。高砂義勇隊は鰐の柔らかい横腹を狙って銃で撃つ。人間が食べるか、鰐に食べられるか。他にネズミ、鳥、および大型トカゲを捕り、蜘蛛や羽を除いた蝶などの虫までも食べ、食糧を補充した。部隊では肉体労働が多いため体力を消耗しており、とりわけ塩分が必要だった。だが、ジャングルではまったく海塩が入手できない。そこで、台湾で父母に教えられた「塩膚木《えんぴぼく》」をジャングルで探し回った。そして、その柔らかい葉で飢えをしのぎ、その果実に含まれる塩分で命を繋いだ。また、その塩で魚や野菜も漬けた。もしも高砂義勇隊がいなかったならば、日本兵は全員が餓死した、という話は決して誇張ではない。

第五回高砂義勇隊を率いた元小隊長の上野保は義勇隊員の強靭さを率直に認めている。義勇隊員は自らの育った台湾の環境から、ニューギニアなどのジャングルに適応でき、マラリアに罹らず、籐や椰子から水分を摂り、アメーバ赤痢にならず、なってもすぐに回復した。そのうえ、ゲリラ戦に適し、四〇キロもの荷物を搬送する体力、野豚、鳥、魚、果物等の食糧探し、身辺の警護、湿地帯での寝床確保、道案内などにも力量を発揮したという。

義勇隊員の律義さも強調されている。例えば、ある義勇隊員は「忠実な皇軍兵士」で、ニューギニアで前線の将兵に届ける米俵を背負いながら、それに手を出さずに餓死したという話はあまりに有名である。また、食糧運搬中の義勇隊員が日本兵に襲われて殺害され、食糧を奪われるという痛ましい悲劇も発生している。

アミ族の周政吉（第二回高砂義勇隊）によれば、

――ラバウル戦の後期になると戦闘と生活はますます苦しくなった。部隊上官は「各自が現地自給せよ」と命令した。そこで、相互に協力して各種方式で食糧を補給した。さらに中隊では連合軍の食糧略奪を命じた。そこで、各分隊の日本兵と義勇隊は手分けして行動を開始した。日本兵が知っている食糧植物は椰子の実とバナナだけである。島にはバナナが多かったが、熟す前に食べ尽くしてしまった。食糧がますます少なくなり、義勇隊員はヒキガエルや蛇を処理して食糧とした。当初、日本軍は大蛇などを食糧とすることを禁じたが、背に腹は代えられずそれらも食糧とせざるを得なくなった。

また、ロヘイ・タオレ（第六回高砂義勇隊、タイヤル族）によれば、

――ラバウルのジャングルは食糧が少ないが、義勇隊員は飢えることはなかった。義勇隊員は、危機的状況のなかで助け合いの精神を発揮し、わずかな食物でも分け合った。他方、日本兵の場合、一人だけ隠れるようにして食べている者も少なくなかった。

一九四五年一月には悲惨な状況が数多く発生した。部隊内には栄養失調で脚気《かっけ》になって歩けなくなった多くの兵士がいた。だが、這うようにして歩いてでも部隊の前進についてこなければならない。完全に歩行困難になった日本兵たちは路傍で、励ましの寄せ書きが書かれた日本国旗と千人針を胸に抱くようにしてゆっくりと餓死していく。渡邊隊長（海軍第一〇三師団軍需部）は木の枝を折り、墓碑の代わりとした。そして、死んでいった兵士たちに敬礼をした。また、兵士たちは手榴弾で自爆した。すると、血肉が飛び散った。日本兵も二〇歳から二五歳前後の若者であった。

さらばラバウルよ　また来るまでは
しばし別れの　涙がにじむ
恋しなつかし　あの島みれば
椰子の葉影に　十字星

「ラバウル小唄」（作詞 若杉雄三郎、作曲 島田駒夫）である。元歌は一九四〇年にビクターから出された「南洋航路」だが、こうしたロマンチックな歌とはまったくかけ離れた悲惨な状態が展開していたのである。

そして、「海行《ゆ》かば」は、南洋戦場の実態を知れば知るほど、あまりに苦しすぎる歌だ。

海行かば　水漬《みづ》く屍《かばね》　山行かば　草むす屍
大君の　辺《へ》にこそ死なめ　かえり見はせじ

これは、日本政府が一九三七年一〇月、国民精神総動員週間に制定したラジオ放送のテーマ曲であった。

3　餓死と病死

一九四三年一月一二日、南海支隊長から第一八軍参謀長宛の報告電によれば、「敵機ハ終日飛来シ銃爆撃所ヲ嫌ワズ。陣内ニ集中射撃シ来リ、陸海軍共（ニ）死傷者刻々増加シアリ。第一線陣地及中央陣地間ノ連絡ハ既ニ断タレ」たとする。

そして、ブナ方面から来た「敵新鋭部隊ノ攻撃極メテ活躍ニシテ海岸ヨリ僅《ワズカ》ニ補給シアル糧道ハ既ニ断タレントス。陣内ニ在ル将兵大半ハ栄養失調ニ犯サレ、辛ウジテ銃ヲ執ル者ハ食ナク力尽キ逐次餓死シ、散兵ノ間隔ハ益々疎散シツツアリ」。

その結果、ギルワ陣地も数日中にバサヴァ、ブナと同様陥落するとした。日本軍の占領政策に反発する現地民衆の支持を得るため、日本は四三年一〇月一四日、ホセ・ラウレルを大統領とするフィリピン第二共和国の「独立」を認めざるを得なかった。だが、アメリカ軍による東南方面からの反撃は激烈で、フィリピン民衆はマッカーサーの復帰が近いと見て活動し、反日ゲリラの組織化と相俟って困難に陥った。

四三年一月一三日、第八方面軍の命令を受け、ついに第一八軍司令官は海軍と協力してブナ支隊撤退を決めた。すなわち、船艇によりまずすべての患者をクシム方面に転送後、支隊を船艇あげて全力でクシム河口に集結せしめ、敵下から離脱する。もし海上撤退ができない場合は、陸路で敵中を突破し、クシム河口付近に集結することになったのである。二週間で着くという。食糧もなく、かつ日本兵の多くはマラリアとアメーバ赤痢に罹り、次々と落伍したが、各兵士が自分自身のことで精一杯であった。小隊長は落伍兵が敵の捕虜となり、日本軍の転戦行動が知られることを恐れ、「歩けない者は撃て（殺せ）」と命じたが、戦友を撃てず、目で別れの挨拶をした。何千人もの兵士が動けず、各所から自決の銃声が聞こえた。

イリシガイ（第五回高砂義勇隊）はウエワク方面に移動を開始した。ラム河を渡ると湿地帯があり、そこを歩きつづけると、「飢えと病気で落伍したと思われる水ぶくれの死体がたくさん浮き、白骨死体も方々にあった」と証言する。

他に、河川氾濫に巻き込まれた溺死体も含まれていたようだ。移動や撤退の時、武器や食糧など重い荷物を背負って川を渡らなくてはならない時があった。その時、何人かが流され、水死、もしくは行方不明になった。重い荷物を持つ高砂族にも多く水死者が出た可能性がある。多くの死体があちこちに散らばり、強烈な死臭が満ち溢れていた。死体には無数の蠅が群がり、また腹部が動くので生きているかと思うと、それは大量の蛆《うじ》だった、という。

こうした状況下で、ニューギニア近隣のガダルカナルでは、死亡に至るまでの「寿命」の噂が流布していた。皆それを知っていたという。

①　立つことができる者は三〇日間。
②　坐《すわ》ることができる者は三週間。
③　寝たきりは一週間。
④　寝たまま小便を垂れ流しする者は三日間。
⑤　話さなくなった者は二日間。
⑥　息をしなくなった者は明日死ぬ。

ニューギニア前線では、当初、アメリカ軍の飛行機の来襲は多くはなかった。わずか二機から四機の大型爆撃機で高度から爆弾を落としたが、さほど脅威ではなかった。それらの飛行機はオーストラリアのダーウィンから飛来していた。だが、四四年六月になると、情勢は一挙に変わった。ある日の午後、敵機四、五十機が来襲するとの情報が入った。本島人技術者は「防空壕に避難したほうがよい」と言った。にもかかわらず、何人かはそれが危険なことと認識できず、のんびりと歩いていた。突然、爆音が聞こえ、顔面を蒼白にした四、五人が這いながら大声で「助けてくれ」と叫んだ。アメリカP38戦闘機一〇機から二〇機が低空飛行で襲撃してきた。低空の場合、飛行音が聞こえた時にはすでに頭上に迫っていた。このことは、アメリカ軍がニューギニアの近くの基地から飛行機を発進させているか、あるいは空母が近海に達していることを示す。皆に緊張感が走った。アメリカ軍の空襲頻度が増大し、連日空襲を受けるという状況が眼前に迫っていた。義勇隊員は日本軍の飛行場修復などをしているが、すでに日本軍の力量はアメリカ軍に遠く及ばなかった。アメリカ軍はニューギニア東部と中部の日本軍飛行場を徹底的に爆撃した。この頃になると、日本軍の零戦や隼《はやぶさ》が迎撃する空中戦を見ることもなくなった。日本部隊はジャングルに逃げ込み、アメリカ軍に発見されないように細々と野菜畑を維持するしかなかった。

ブナ、ギルワでの戦闘開始時、すなわち四二年一一月中旬での日本軍の兵力と増援部隊は計一万一〇〇〇人であったが、四三年二月七日までに集結した兵力は約三四〇〇人に激減していた。また、ブナ支隊参謀の田中正司中佐の回想によれば、ギルワ撤退の開始直前の兵力は四〇〇〇人であったが、クムシ河到着時には三一〇五人となっていた。そのうち、撤退開始時の人数は不明であるが、高砂義勇隊員は六五人、朝鮮兵は一五人が辿り着いた。

四二年一二月オーストラリア軍の砲火の下、日本軍のある部隊はギルワ脱出に失敗した。また四三年一月上旬、ブナの日本軍陣地が陥落し、戦闘終了後、オーストラリア軍が調査に入った。ブナの日本軍は戦死者を葬る余裕がなく、日本兵の遺体を陣地構築に利用して戦っていた。すなわち、日本兵はその遺体に銃を託して射撃し、遺体と床を並べて眠っていた。ある塹壕で過労で立ち上がれない日本兵に近づくと、日本兵は小銃を自分の頭に向け、足の親指で引き金を引き、自らの脳天を粉砕した。どこもかしこも死臭に満ちていた。オーストラリア軍が埋葬した日本兵だけで六三八人に上る。オーストラリア軍側も損害が大きく、戦死、負傷、行方不明者は実に七五〇人に達したという。

また、接収に当たったアメリカ海軍陸戦隊の軍官、軍医によると、熱帯ジャングルの中に構築された日本軍駐屯地は不潔な泥水の中にあり、日本兵は憔悴《しょうすい》し、痩せて弱々しく、目にも生気がなかったという。泥の上に寝かされた日本兵は自らの糞便《ふんべん》にまみれていた。これが日本兵の大量死の重大な要因であると報告している。

なお、ワリス・バワン（中国名は許明貴）は、

――ジャングルで食糧を探している時、アメリカ軍爆撃機五〇余機が低空飛行で爆弾を次々と投下した。避けきれず、足に二ヵ所破片が突き刺さり、出血がひどく歩くことができなくなった。爆撃が終わった後、日本人少尉ら二人が交替で背負ってくれ、ジャングル内の野戦病院に連れていってくれた。すぐに軍医が手術してくれた。軍医に「医薬不足だし、すぐに手術したからよかった。手術が遅れたら敗血症で死亡しただろう」と言われた。一ヵ月の入院後、完全に治癒し、歩けるようになった。こうして、ジャングル内を一年余移動しながら日本の敗戦を迎えた。

4 「人肉食」

大岡昇平『野火』（一九五二年）は、周知のとおりフィリピンのレイテ島において極限の食糧不足の中で、日本兵が日本兵を「猿」と呼び、射殺し、「人肉食」をした有様を小説にし、話題作となった（ただし、同小説では、高砂義勇隊には触れていない）。これは真実なのだろうか。事実ならば、どのような実態だったのか。

筆者はその点についてロシン・ユーラオ、ガヨ・ウープナ両氏に質問した。前者は直接の体験者であり、後者は元高砂義勇隊員からの伝聞である。

ロシン・ユーラオ、ガヨ・ウープナへのインタビュー

菊池：食糧が足りない時、人肉も食べたという話を聞いたのですが、本当ですか。

ロシン・ユーラオ：これは有名な話。……皆、腹を空《す》かしていた。食物がない。食べられる物といったら人間の肉くらいだ。

菊池：戦死ではなく、「アメリカ人捕虜を殺して食べた」と聞いたことがあります。それは事実ですか。

ロシン・ユーラオ：すでに死んでる人間だけだよ。だけど、そうしたこともあったかもしれない。隊によって異なる。僕の隊ではなかった。
菊池：高砂義勇隊員が戦死した場合、どうなりますか。
ロシン・ユーラオ：高砂族の肉は食べないよ。なぜなら料理するのは高砂族だから、高砂族の隊員が死んだからといって、その肉は使わない。……実は僕は一回だけ食べたことがある、日本兵に撃たれて死んだアメリカ兵の肉だった。当時、人間の肉くらいしか食べる物がなかった。……僕の友だちが人肉を持ってきたので、炊いて少しだけ食べたことがあるんだよ。美味しくない。
ガヨ・ウープナ：エー、食べたことがあるの。苦いんでしょう？
ロシン・ユーラオ：苦いというより酸っぱい。人間の肉は手とか足とか、食べるところは少ない。腿とか胸の肉を食べる。……そして、脂肪が少ない。骨ばっかり。骨は捨てる。内臓もいらない。捨てる。
菊池：それは痩せ細り、すでに腐っていたのではないですか。
ロシン・ユーラオ：そうかもしれない。
ガヨ・ウープナ：聞いたところによれば、日本の兵隊は現地の食べ物が合わない。食べ物がない。そこで、高砂族が助けた。ジャングルに行き、猪の罠を仕掛ける。猪狩りもできる。日本兵は山狩りができないでしょう。それを日本兵に食べさせたが、兵隊が多いから、それでも食糧が足りない。日本兵は食物が何もなくて、ひもじい時、食べないわけにいかんでしょう。その時、一番栄養があるのが人間の肉だけなのだから。……ある時、アメリカ兵を処刑することになった。日本兵が「日本刀が強いか、蕃刀が強いか、競争しよう」と言った。日本兵が諸手《もろて》で日本刀を握り、切ったが首が落ちなかった。今度は義勇隊員が「蕃刀」で、「捕虜の首をとれ」ということになった。片手でサーッとやると、首が落ちた。やはり「蕃刀」が強い。刀身が短く、あとは技術の問題。……食糧が足らないから、高砂族が「山肉」(猪や鹿の肉など)とアメリカ兵の肉を混ぜて炊いた。人間の肉だよ。日本兵に喰わせたそうだよ。「山の人」はこの肉が何の肉か知っているから喰わない。だけど、後でアメリカ兵の肉と知って日本兵は皆、吐き出したそうだ。高砂族は「お前らは何もできない。山肉も捕れない、アメリカ兵の肉でも喰う」と心の中で嗤《わら》っていた。南方戦線に行った時に、そういう話があるんだ。

このように、部隊によってかなり違いがあった。ただし「人肉食」は多くの部隊、兵士を巻き込んでいった。

背景と推移

田来富（第七回高砂義勇隊）は、「ニューギニアに軍隊があまりに多すぎた」と言う。

――大量の軍人がおり、日本軍駐屯地の周辺には食物がなくなってしまった。何ヵ月間もこうした状況が続き、地域によっては食糧不足が極限にまで達していた。こうして、日本兵による「人肉食」事件が発生した。日本兵は高砂族ほど狩猟に長《た》けていず、台湾人ほど何が食べられるのかも分からない。そこで、日本兵が最も悲惨であった。労務は厳しいのに十分に食べ物がなく、栄養不足で、部隊内に病気が蔓延した。非常に多くの人々がアメーバ赤痢に罹ったが、医薬品も欠乏していた。

こうして、まず日本兵の間で「人肉食」が始まった。人間にとって最後の食糧は人間という状況が生み出されたのである。その時のことをルデラン・ラマカウ（第二回高砂義勇隊）は以下のように述べる。

――一九四二年一一月頃、ギルワ陣地に辿り着いた。だが連合軍に包囲され、食糧探しも水汲みもできず、餓死寸前になった。こうした時、クムシ河口に集結命令が出た。ジャングルを前進すると、昼夜分かたず連合軍捜索隊の自動小銃の音が鳴り響いた。途中、銃声とともにオーストラリア兵が倒れた。すると、日本兵数人が飛び出し、銃剣でオーストラリア兵の肉を削り取り、食べはじめた。私は茫然《ぼうぜん》としてその行為を見ていた。すると、日本兵は「お前にはやらない。早く向こうに行け」と怒鳴った。高砂族も首狩りをしていたが、殺害した人間の肉を食べたことは聞いたことがない。

バヤン・ナウイ（第五回高砂義勇隊）によれば、

――指揮系統も崩壊し、落伍兵は勝手な行動をとった。山田軍曹と私は食糧を探してジャングルを進んでいると、死体の軍服と靴が投げ捨てられ、肉を削り取った死体の横で、日本兵五、六人が飯盒《はんごう》の中の人肉を無表情で食べていた。山田は憲兵にそのことを報告した。憲兵はその場に駆けつけ、全員を射殺した。私が一人でジャングルを進んでいると、「友軍の兵士」（この場合、他部隊の日本兵を指しているようだ）を殺して食べている集団を何度も目撃した。後にはある隊長が「これ（遺体）を肉にして持ってこい」と命令する部隊もあった。

また、海軍民政職員の飯田進は当時を次のように回憶する。

「（見ている前で次々と日本兵たちが力尽き斃《たお》れていった。その）同胞が、一夜ももたたないうちに、大腿や内臓部が切り取られている。その見るも無残な姿を見て、目の前が真っ暗になった。いかに餓死しようとも、今までともに苦労を重ねてきた仲間の肉まで剥ぎ取る……急に寒気がして震えてきた」（飯田進『地獄の日本兵』、二〇〇八年）。

人肉も腐敗したり、病死の遺体は食中毒を起こす危険性がある。したがっておそらく死去したばかりの遺体を食したのであろう。

次第に「人肉食」は高砂義勇隊員をも巻き込んでいった。イリシガイ（第五回高砂義勇隊・猛虎挺身隊）によれば、

――第一八軍司令部で大高捜索隊が編制された時、トリセリー山脈を何ヵ月もかけ歩き、やっと山岳地帯を脱出した。ヤミールでオーストラリア軍捜索隊と戦闘になった。三日間の戦闘で何も食べておらず、夜になると目がかすんだ。夜盲症である。分隊長は作戦会議で大高のいる拠点隊に行き、不在だった。このままでは餓死する、「奴らの栄養ある肉をちょうだいするか」と義勇隊員十二、三人に提案した。若いオーストラリア兵一人の死体が近くにあった。「飯盒一八杯分だ」と言った。服を脱がせると、蕃刀で至る所を切り取り、生で、あるいは焼き、またはスープを作って飲んだ。「これは人間の肉じゃないぞ。猪の肉だぞ」と自らに言い聞かせ、肉を削り取る時は一切顔を見ないことにした。

5 台湾防衛

　では、当時台湾はどのような状況にあったか。ここも安全地帯とはいえなかった。戦局は日々悪化し、商船、貨物船がアメリカ軍によって撃沈された。台湾自体が四方を海に囲まれ、日本と台湾間の航路はきわめて危険な海域であった。一九四三年三月には、豪華郵船「高千穂丸《たかちほまる》」が基隆港に到着しようとした時、アメリカ軍の潜水艦により撃沈され、一〇〇〇人に上る死者を出した。「高千穂丸」は客船であったが、アメリカ軍は日本兵員が乗船しているとして執拗《しつよう》に攻撃した。

　そのうえ、日本ではあまり知られていないが、日本植民地であった台湾は空爆された。アメリカ軍機がまず新竹地区の軍事基地、飛行場、鉄道設備を爆撃し、特に四四年秋からは多数の爆撃機を出動させ、日本敗戦まで一五回に分けて、各都市、飛行場、港湾、発電所、工場を次々と爆撃した。台湾全島における空襲下の民衆の死傷者は甚大で、各地の建物は壊滅的な打撃を受けた。都市民衆は田舎に疎開した。太平洋戦争中、沖縄と異なり、上陸作戦こそなかったが、焼夷弾による絨毯爆撃で、日本軍の他地区への活動が牽制《けんせい》された。沖縄が壊滅的打撃を受けることで日本と台湾は実質的に切り離されたのである。

　二〇一七年三月二八日に、筆者はベイホイ・タヤフ氏（日本名「高山真一」）に、桃園市復興区奎輝《ケイフイソン》村の彼の自宅でインタビューをした。

　――角板山国民学校で六年間学んだ。戦争末期であったため、南洋には行かずに台湾防衛が任務であった。特別志願兵（最初一等兵、その後、上等兵）として、当時、山中部隊紅葉隊に所属した。そして、台湾最南端の鵞鑾鼻《グアランピ》に駐屯しており、アメリカ軍戦車に対する自爆攻撃をする予定だった。だが、アメリカ軍の攻撃は主に沖縄に集中しており、鵞鑾鼻には上陸せず、空爆した。その結果、鵞鑾鼻の日本兵は玉砕したので、われわれ高砂志願兵は沖縄奪還を目指すことにした。だが、台湾から沖縄に行く船がない。潜水艦では一隻に三〇人しか乗れない。これでは、沖縄のアメリカ軍を攻撃するのは到底不可能であった。そこで、阿里山で再訓練を受け、態勢を整えることになった。隊長は青年団長林松輝（タイヤル族）であり、部下には本省人もいた。ただし、そのうえに日本人上等兵がおり、よくビンタをした。この時、私はマラリア、もう一人はアメーバ赤痢に罹った。日本が敗戦した時、まだ二二歳であった。戦後、残っていた日本人警察が極度の薬不足の状況下で薬草を奨励した。例えば、タマサキツヅラフジは肺病の薬であり、警察の監督の下、交易所で交換された。自分も採取して交易所に持っていった。この後、捕虜となり、花蓮港に連行された。山の上で高砂志願兵が一番前に列《なら》ばされた。結局、私の住んでいる奎輝村でも高砂義勇隊員ウタイナー、ボルト・バイホーの二人が戦死している。

拝恵《バイフイ》・那胃《ナウエイ》（原住民名の音からの漢字表記。新竹州のタイヤル族か）はすでに二七歳になっていた。戦争末期で、やはり南洋派遣には徴集されず、台湾全島に警備部隊が組織されており、その高砂警備隊員に任命された。例えば、嘉義空軍の第四五八七美川部隊は高射砲でアメリカ軍機を迎撃する。屏東の第一二八三一遊撃隊は山区作戦を担当し、嘉義、南投両遊撃隊を管轄下に置いた。彼は新竹五峰第一三八八七高砂警備隊に所属し、苗栗《ビョウリ》での訓練後、五峰山区で労役に従事した。①樹木伐採と運搬、②軍事用の新道路の開設、③砲台用トーチカの建設などのほか、警備任務、遊撃戦準備を担当した。花蓮航空司令隊の構成員はだいたい十七、八歳であり、人力で日本軍機を森林の大型防空壕に隠蔽する任務であった。これら部隊は台湾各種族の原住民で構成されており、それに台東特別突撃隊第一二八五部隊などを加えると、原住民の動員数は一万人以上に達した。当時、日本軍はアメリカ軍による山区爆撃、および本島人の機に乗じた反乱を恐れていた。警備隊員は三年間でマラリア流行により多くが死亡した。大部分の薬品は海外前線に送られたため薬品が極度に欠乏し、かつ戦闘準備の労役は休みもなく、犠牲者が増大した。

第7章　日本の無条件降伏・敗戦

日本の無条件降伏の時が来た。

菊池：敗戦時の状況はどうでしたか。

ロシン・ユーラオ：戦争がそろそろ終わる。けれども日本兵も高砂義勇隊もそのことが分からない。戦争が続くと思っていた。ところが、アメリカ軍が飛行機で主に高砂義勇隊に対して大量の宣伝ビラを次々落としていくでしょう。「日本はすでに負けた。高砂族は帰国したほうがよい」とか、「高砂義勇隊は家に帰りなさい」とか、そうした内容であった。でも、そんな宣伝ビラを、僕たちは誰も信じなかった。そこで、その後も戦いつづけた。……アメリカ軍と戦うのは面白い。

菊池：「面白い」とはどういう意味ですか。

ロシン・ユーラオ：僕たちは敵を待ち伏せて攻撃した。アメリカ兵は身体が大きいので、鉄砲の弾に当たりやすい。アメリカ兵はすぐに逃げる。アメリカ兵は逃げきると、大砲を撃ってきた。今度は高砂義勇隊が逃げる。……時には、僕たちがアメリカ軍の近くに行って、銃撃して逃げる。アメリカ兵に弾が当たっているのかどうか分からない。とにかく撃って、逃げる。……そうすると、アメリカ軍は大砲を撃ってくる。それで逃げるでしょう。大砲が止むと、また近づき鉄砲を撃ち、そして逃げる。また大砲を撃ってくる。それが止むと、また近づいていく。その繰り返し……。

菊池：日本兵はどうでしたか。

ロシン・ユーラオ：もちろん日本兵も「負けた」とは思わず、上からの命令がなければ降参しない。まだ残って戦おうとした。そうこうしているうちに、日本軍部から三回にわたって、大隊長、中隊長、小隊長に対して玉砕命令が出た。その命令を受けて、隊長がね、「玉砕だ！　玉砕だ！　戦えるだけ戦おう。もうアメリカ軍に囲まれている。玉砕に行くぞ！」とか言う。……昭和二〇（一九四五）年八月一五日には、日本は負けたでしょう。でも、僕たちもそれを知らなかったから、高砂義勇隊は九月になっても戦いつづけた。日本降伏後も、戦闘は何十回もあった。そのうち、大きいのが二、三回。アメリカの飛行機が落とすビラの内容を「嘘だ」と思っているしね。だから、一生懸命戦いつづけた。

菊池：それじゃ日本敗戦を知ったのはいつ頃ですか。
ロシン・ユーラオ：九月中旬ですよ。日本人の大尉、少尉各一人、それに高砂義勇隊の二人が白旗を掲げて陣地に戻ってきた。その時、僕たちは「日本が本当に負けた」と思った。
菊池：日本の降伏後、知らずに一ヵ月も戦いつづけたのですね。
ロシン・ユーラオ：そうそう。日本敗戦時、師団長を頭に五〇人くらいの日本兵が頑張って戦っていたが、「もう負けた。君たちは身体を大切にせい」と僕たちに言い、その後、「天皇陛下ばんざーい」と言ってバーン。陸軍軍曹らは「天皇陛下万歳！」と言って、手榴弾で自殺した。ある部分の日本兵は切腹した。……あっちでもバーン、こっちでもバーンと、あちこちで自殺した。
菊池：手榴弾で自決したのですね。みんな死んだのですね。
ロシン・ユーラオ：日本兵がだよ。高砂義勇隊の隊員ではない。
菊池：高砂族で切腹した人はいますか。
ロシン・ユーラオ：それはない。高砂族で切腹した人はいない。日本兵は切腹したり、手榴弾自殺をしたが、高砂義勇隊の隊員は切腹も、手榴弾自殺もしなかった。僕たちまでが死ぬ必要はないでしょう。

1　日本兵の「集団自殺」と高砂義勇隊

「玉砕命令」

戦争末期に「玉砕命令」が出た時、参謀らは苛立《いらだ》ち、部下を怒鳴りつけ、殴った。高砂義勇隊は最後の斬込隊に出ると言われた。潜入攻撃と異なり、斬込隊はある意味で「特攻隊」であり、生還できない場合が多い。そこで、義勇隊の何人かがジャングルの奥に逃亡した。高砂義勇隊員はわずかでも生還できる可能性があれば勇敢に戦うが、薫空挺隊の奇襲作戦を例外とすれば、全滅が確定し、確実な死が待っている戦闘には参加しない傾向があった。薫空挺隊の場合、軍上層部はともあれ、義勇隊員は生還できる可能性があると考えていたのではないか。

アミ族の張陳龍明（第五回高砂義勇隊か）は次のように話す。

――戦争が間もなく終わろうとしていた。歩いていると、山の中に義勇隊戦没者の多くのヘルメットが置かれた「墳墓」があった。その中の一つはヘルメットではなく、義勇隊員の頭蓋骨が置かれていた。私は頭蓋骨に語りかけた。

「あなたも台湾の原住民でしょう。生前、知っている人ですか。私と同じアミ族ですか。あなたは死んでしまった。私もここで死ぬかもしれない」。

そう語りかけているうち、私はこらえきれず、大声で泣いてしまった。

「玉音放送」

「玉音放送」や日本敗戦時の経験に関しては、共通性もあるが、部隊によって対応がさまざまだったようだ。

タイヤル族のワリス・バワン（中国名は許明貴）によれば、

――部隊のラジオで放送を聞いた時、すべての人々は起立した。なぜなら天皇の声だったからである。だが、まさか日本の敗戦を宣言するとは思わなかった。その後、「すべての部隊は武器を捨て、連合軍とのすべての戦闘を停止せよ」と続いた。皆、泣いた。私も泣いた。熱帯ジャングルでの長い戦いを思い出し、また次々と死んでいった戦友たちを思った。この戦争はどれだけ多くの命を奪ったのか。この後、日本軍官や日本兵たちは集団自殺を選んだ。幾人かはジャングルに入っていき、ピストル自殺をした。

日本では天皇、日本帝国のために出征し、戦死することを崇高なものと教えている。また、『戦陣訓』で「生キテ虜囚ノ辱《ハズカシ》メヲ受ケズ、死シテ罪禍ノ汚名ヲ残スコト勿《ナカ》レ」を骨の髄まで染み込ませている。したがって、日本兵は死ぬ前、「天皇陛下万歳！」と言って死ぬことになっている。だが、実際は、日本兵の一人は確かに「天皇陛下万歳！」と言って自爆したが、多くの日本兵は「お父さん、お母さん」と言って自爆した。

また、ツオウ族の荘銀池（第三回高砂義勇隊）によれば、

——ある日、アメリカ軍側の放送局から日本語の声が流れた。高砂義勇隊員はその放送局を破壊しに行こうとしたところ、突然「静粛に」と言われた。それはなんと天皇の声であり、日本が敗戦したことを告げる「玉音放送」であった。したがって、われわれに「付近の連合軍に投降せよ」とのことであった。当初、日本兵も義勇隊員も日本敗戦のニュースを受け入れることができなかった。日本兵も義勇隊員も泣き叫び、ある日本将校は「一斉に自決しよう」と呼びかけた。だが、部隊長は放送の内容を信じず、割腹自殺を許さず、アメリカ軍の謀略であると断じた。その直後から飛行機でビラが何度も撒かれ、次第に日本敗戦を受け入れるようになった。

アミ族の張陳龍明の部隊には通信機器はすでになく、「玉音放送」は聞いていない。ただしアメリカ空軍が投下した日本語の「戦争は終わった」というビラを見た。「日本兵は集団自殺する必要はない。命を大切にし、故郷の父母や子供のことを考えなさい」という内容だった。七個支隊は信じず、抽選で一個支隊を平地に探りに派遣した。その結果、日

本の敗戦は間違いないと判明し、ジャングルを出てアメリカ軍に集団投降した。この時、初めて「玉音放送」を聞いた。アメリカ軍は自動車に備え付けた録音機で繰り返し「玉音放送」を流しつづけていた。ただし、誰もそれが「天皇の声」だとは信じなかった。

日本軍上官への不満爆発

高砂義勇隊員ダルパン・ポキリガンは、それまで威圧的であった日本軍上官への怒りを爆発させた。ことのなりゆきは以下のようなものである。

――高砂義勇隊からの逃亡兵五、六人が日本軍の降伏後に出現した。中隊長の日本人は怒り、軍刀で斬り殺すと言った。私は「戦争が終わったのにどうして戦友を斬るというのか」と激しく抗議した。戦争が終わったら日本軍の階級も関係ない。高砂義勇隊員は皆、銃、手榴弾、蕃刀で戦闘態勢をとった。従来、高砂義勇隊員を理由なく殴りつけていた上官は低姿勢となった。帰還のため、台湾基隆まで巡洋艦に乗船した。第五回高砂義勇隊の上野保小隊長は船の中で殴られて土下座して謝った。

逃亡しなかった義勇隊員も逃亡義勇隊員の気持ちが理解できたのである。だから、上官の「逃亡」ゆえの「処刑」命令に真っ向から反対した。敗戦を契機に日本軍の階級も規律も論理も台湾原住民には通らなくなっていた。

日本敗戦時に集団自決を含めて、日本兵と高砂義勇隊員との行動形態に違いがあったことが分かる。台湾原住民は「日本人・日本兵」になりきっていたとはいうものの、最後の状況での対処法は異なっていた。「日本人であること」から解放されて、本来の台湾原住民の姿に戻ったともいえそうだ。

2　捕虜収容所での「快適な生活」

収容所へ

アメリカ軍に投降した後についても、筆者はロシン・ユーラオにインタビューした。

菊池：日本敗戦から一ヵ月後の九月中旬に、すぐにアメリカ軍の収容所に収容されたのですか。

ロシン・ユーラオ：いや、そうじゃない。九月一五日から僕たちは海のほうに向かって歩きはじめた。かなり歩いたよ。一ヵ月くらい歩いたかな。……そこで、浜にある収容所に入れられた。そこには、日本人も高砂族もいた。元日本兵と高砂義勇隊員は分けられて、そこで約一ヵ月間、収容された。

菊池：収容所の生活は厳しいものでしたか。

ロシン・ユーラオ：それほどでもない。だって、戦争はもう終わったのだから……。あの時は、日本は完全に負けた。誰もアメリカ軍に反抗しようとする者もいない。暇をもてあます。だから、山狩りに行って猪三頭が捕れれば、アメリカ兵に一頭あげる。そうすると、アメリカ兵は交換で米をくれた。そうした関係だ。

菊池：高砂族は収容所を出て猪を狩りに行ける自由があったのですか。アメリカ兵は、元日本兵には厳しかったが、高砂族には寛容だったということですかね。

ロシン・ユーラオ：そんなことはないでしょう。分離されていたのでよく分からないけど、元日本兵に対しても同様に扱っていたのではないですか。

だが、日本兵と高砂族に対する扱いはかなり異なっていたようだ。

日本人、台湾人、高砂族に対する処遇

アメリカ軍は日本軍部隊のすべての装備と物資を没収した後、食物を与え、かつ傷病者

を治療した。その後、トラックで捕虜収容所に運ばれた。そこで、日本人、台湾人（本島人）、台湾原住民に分類された。元来、日本人、台湾人、朝鮮人は同じ部屋であったが、日本人と朝鮮人が激論となった。日本の植民地であったため、無謀な戦争に駆り出され、差別され、虐《しいた》げられてきた朝鮮人が怒りを爆発させたのである。これ以降、トラブルを避けるため、民族ごとに収容所、もしくは部屋を分けたとされる。日本人、台湾人、台湾原住民はそれぞれ順番に処理された。第一八軍関係者はウエワクからムシュ島に上陸艦艇で送られ、抑留された。

このように、朝鮮人、台湾人は「第三国人」ということで日本人と別扱いであった。元高砂義勇隊の隊長石井敏雄によれば、アメリカ軍からの配給だけでは栄養失調と空腹で地獄の様相を呈していたが、第八方面軍の特別な配慮で、野菜、豆、芋の種子が配給となり、これで野菜栽培をおこない、なんとか飢えをしのいでいた。

――私どもは将校宿舎に居住し、生活能力のないまま過ごしていた。朝目覚めると、高砂義勇隊員が魚や椰子の実を置いてくれていた。このように、日本軍幹部は不満が多く、外出もあまりできず、あるいは自ら外出せず、生活力もなく、食糧も不十分だったようだ。それを助けたのはやはり高砂族であった。

タイヤル族のワリス・バワンは、アメリカ軍が自分たちをどのように処遇するのか不安を募らせた。

——日本軍はアメリカ軍の捕虜になると、残酷な虐待を受けるか厳しい労役を課せられると宣伝していた。だから、皆、捕虜になることを恐れていた。アメリカ軍の軍官がやってきて、部隊の武装解除をした後、ラバウル捕虜収容所に送り込まれた。まず消毒され、シャワーを浴びた時、毒ガスで殺されると覚悟した。だが、実際は何もなく、労役すらなかった。(後で分かったことだが)アメリカ軍はジュネーブ協定による戦争捕虜政策に則り虐待をしなかった。

タイヤル族(セデック族)の田来富によれば、

——アメリカ兵の食物とわれわれのそれとは、ほとんど差がなかった。収容所の部屋も食べ物も待遇もジャングル生活と比べると格段によかった。

また、ツオウ族の石友家はモロタイ捕虜収容所に送られたが、その時の印象は強烈であったという。なぜなら捕虜の待遇があまりにもよかったからである。パンと牛乳、熱いスープ、各種の缶詰も美味であった。武器装備のみならず、アメリカ兵は「こうした物を食べていたのだから勝利して当然と思った」との感想を述べている。

このように、捕虜収容所での捕虜生活、待遇については、義勇隊員は異口同音に「捕虜収容所での生活は自由ではなかったけれども、こうしたよい待遇を受けるとはまったく思ってもいなかった」とし、「非常によかった」との感想を述べている。そして、収容所生活のなかで次第に健康を回復したという。おそらく日本に植民地にされた被圧迫民族として「厚遇」された側面もあるのではないか。アメリカ軍は日本軍官の意見も聴取し、配慮してくれたし、日本軍内のように殴ったりもしなかった。

ところで、パイワン族のイリシガイによれば、ムシュ島の収容所で、オーストラリア軍将校は「大高捜索隊と猛虎挺身隊」は全員、前に出るように命じた。大高隊長は「第二七野戦貨物廠の軍属」で押し通せと密かに伝言した。大高らは取り調べられ、ここで「人肉食」が問題にされた。ところが、猛虎挺身隊は「全滅」したことになっている。ニューギニア戦ではオーストラリア兵だけでなく、アメリカ兵、現地人（それぞれ「赤豚」、「白豚」、「黒豚」と称した）、それに日本兵の肉まで食べている。オーストラリア軍は執拗に「人肉食事件」を追及するが、玉砕した部隊もあり、それ以上、取り調べようがなく、そのまま立ち消えとなった。

第8章　台湾への生還——日本敗戦後の元高砂義勇隊員

1　国民党政権下の台湾

多くの犠牲者・少ない帰還者

奇跡的に生き残った高砂族捕虜は一九四六年に台湾の高雄港、もしくは基隆港に入港、阿里山や角板山などの各地の故郷に無事帰還することができた。正確な戦死者数、行方不明者数は分からない。

日本軍が壊滅的な敗走をしたニューギニア戦で、「唯一の勝利者は高砂義勇隊だけ」というのが後の語りぐさになった。それは、ジャングルでのゲリラ戦と潜入攻撃で「敵軍の心胆を寒からしめた」からとされる。連合軍相手にゲリラ戦で局部的勝利は収めたとはいえ、きわめて大きな犠牲を払った。川中島からの南方出征者は二〇人で八人だけが生還。

烏来では一三人が戦死、生還は三人のみである。高砂挺身報国隊（第一回高砂義勇隊）はコレヒドール島要塞攻撃に出撃。五〇〇人のうち、戦死五〇人は比較的犠牲者が少ないほうとされた。

ガヨ・ウープナによれば、

——高砂義勇隊は戦闘の時、もちろん先頭をきった。日本兵は後ろで「やれー、進め！」と命じる。でも、死ぬのは日本兵が多い。なぜならアメリカの大砲の砲弾は後方に飛ぶ。前のほうがむしろ安全だった。結局、日本は負けた。南方戦線に角板郷（現在の復興郷）だけで四〇〇人余りが行ったが、帰ってきたのは一〇〇人弱だった。叔父は遺骨で戻ってきた。

太平洋戦争中、高砂義勇隊（第一～七回）、陸海軍特別志願兵、軍属を合わせてどの程度の人数が南洋方面に駆り出されたのか、その正確な数字は不明である。第五回高砂義勇隊五一六人は第二七野戦貨物廠に配属になったが、戦闘要員としてゲリラ戦に投入された。そのうち無事帰国した者は一九一人で、三二五人が戦死または行方不明である。また、一説では、戦地に行った高砂兵の「損耗率」は六〇～七〇％とも称され、戦後、「戦死公報」が届かない家庭がいくつもあった。第一～三回高砂義勇隊の緒戦の勝利で戦争自体を甘く見ていた可能性がある。そのためその後も、志願が多く出たが、大半が二度と山地に戻ることはなかった。高砂義勇隊員や陸海軍の特別志願兵制度による原住民兵士の何人もが戦地で生死不明、行方不明となった。

ワタン・タンガ（林昭明）は、筆者とのインタビュー（第5章）の際、「南洋戦場に送り込まれた台湾原住民はタイヤル族が多かったが、一〇人に一人しか台湾に帰還できなかった。可哀想すぎる」と、悲しそうにつぶやいた。

——台湾への帰還は喜びと万感の想いのはずであった。だが、すぐに重苦しい気持ちにとらわれた。なぜか。

成合正治大尉ら帰還兵を乗せた巡洋艦は一九四六年一月一四日、ニューギニアを離れ、一月二二日基隆港に着岸した。波止場には「歓迎同朋帰還」の横断幕もあったが、集まった人々のなかには私たちを指差して罵倒するなど、きわめて険悪な雰囲気であった。幸いアメリカ憲兵や国民政府軍兵士の監視下にあったので救われた。本島人の勤労兵を即座に解放した。私たちは義勇兵（高砂義勇隊員）を引率、台湾軍司令部に到着し、復員業務は終了した。高砂義勇兵解散式の前夜、司令部内の宿舎でささやかな演芸会を開いた。その席で義勇兵がうたった「サヨンの鐘」（作詞 西条八十、作曲 古賀政男）の歌声はいまも私の耳に鮮やかに蘇る。明けて翌朝、義勇兵は出迎えの家族や妻子とともに帰宅。送る者も送られる者も固く握りしめた拳の上に涙がとめどなく流れ落ちて、「生命を託し合った主従のきずなの深さをしみじみと感じた」という。

「サヨンの鐘」の歌詞は次のとおり。

（一）嵐吹きまく　峰ふもと
流れ危うき　丸木橋
渡るは誰ぞ　うるわし乙女
紅《あか》き唇　ああサヨン

（二）晴れの戦《いくさ》に　出《い》で給《たも》う
雄々し師の君　懐かしや
担う荷物に　歌さえほがら
雨は降る降る　ああサヨン

李《り》香蘭《こうらん》（山口淑子《よしこ》）主演の国策映画の主題歌である。蕃童教育所の日本人教師（警官）が出征した時、彼を慕うタイヤル族の娘が彼の忘れた荷物を持って、豪雨のなか追いかける。だが、丸木橋で足を滑らせ、川に流され死んでしまうというストーリーである。

烏来タイヤル族頭目のターナ・タイモ（日本名「林源治」）の場合は、――四六年六月台湾の基隆港に帰還した。その時、港には誰一人迎える者なく、最初に姿を見せたのは国民政府軍の憲兵であった。敵国日本軍に協力した者は人間のなかに入らぬとばかりで、持ち物はすべて没収され、家路についた。台湾語も山地語（原住民語）も、ましてや日本語が通じるはずはなく、ここを統治しているのは「異邦人」だと、「敗戦」の実感が迫ってきた。日本植民地統治が崩壊し、国民党統治へと大転換していたのである。こうした状況下で、高砂義勇隊員の心情は複雑であり、この時ばかりは日本人と同様に「敗戦」を実感したのであった。

また、アミ族の周政吉も日本が敗戦し、基隆港に戻ることができた。そこには一人の日本人も見ることができなかった。簡単な手続きの後、各自故郷に戻ったが、迎えに出てくる者はおらず、ただ家族だけが帰国を喜んでくれた、という。戦友たちに会いたいと思ったが、すでに中国式の漢字の姓名に変わっており、連絡をとる術を失った。

ツオウ族の荘銀池は四六年にアメリカの輸送船に乗船して基隆に戻った。下船後、阿里山などからツオウ族は二十数人が出征したが、帰国時、六人だけになっていた。阿里山ツオウ族同郷会を探したが、見あたらなかった。致し方なく身につけていた毛布、手袋、背嚢《はいのう》などを売り、その金で汽車の切符を買い、六人で帰郷した。嘉義駅でまだ残っていた日本人警察官二人の協力を得て招待所に一泊した後、阿里山の故郷に帰った。

タイヤル族の黄栄泉の五歳年上の従兄シーダンノ・サイは第五回高砂義勇隊に参加して参戦。戦後、オーストラリアの捕虜収容所で三年間拘留され、帰還した時、牛革の赤い立派な軍靴を二足持ち帰った。筆者が黄栄泉にインタビューした時、その一足を従兄が彼にプレゼントしてくれたという。

このように、帰還も人によって悲喜こもごもであった。

苦難・心痛・悪夢

故郷に帰ってからも苦悩は続く。

ルデラン・ラマカウ（「川野栄一」）は、遺族から戦死の様子を尋ねられた。飢餓で死んだとか、病死であったとか、いわんや「人肉食」事件のことなどは遺族には話せない。「勇敢に戦って死んだ」と報告した。

ブヌン族のイヨン・ハバオ（中国名は高聡義、第七回高砂義勇隊）によれば、蔣介石・国民党政権によって、高砂義勇隊員は日本軍の協力者であり「民族の裏切り者」であるとの烙印《らくいん》を押された。それゆえ、前線で片足、片腕を失ったにもかかわらず、狩猟で負傷したと言いつくろった。いつ捕縛されるか、戦々兢々《きょうきょう》として毎日を過ごした。それに子供の時から日本語教育を受けてきたから、中国語をまったく話せない。これまで祖国は「日本だ」と言われ、戦後は突然、「中華民国の国民」と言われてとまどった。完全に「日本精神」に染まっていたので、戦後社会への適応はおろか、孤立してしまった。従来の社会的地位・価値観は変わり、日本植民地時代の権力者や警察、教育者は批判された。

タイヤル族（セデック族）の田来富は従軍前は非常に明朗活発な青年であったが、やはり戦死した戦友の隣家との接触を避けた。息子によれば、時に酒を飲むと、独り慟哭《どうこく》していたという。

また、ある者は部落内での交流も少なくなった。戦死者を出した隣人との接触を恐れた。青春の夢を語り合い、遊んだ友だちは、多くが帰らぬ人となり、その魂は依然として南洋で彷徨《さまよ》っている。自分だけが生き残り、帰国したことを自ら責めた。夜、しばしば戦闘場面の悪夢を見て大声を出して目覚めた。過去の霧社事件で日本人に抵抗したばかりに多くの台湾原住民が殺害されたうえ、「国賊」と罵《ののし》られた。その「恥辱」を雪ごうと従軍したが、別のさらなる「恥辱」を抱え込んだ。戦後、非常に長い期間、自分と家族に災いが起こることを恐れ、日本軍での経歴を隠しつづけた。

このように、彼らは日本軍歴を自ら封印しなければ、台湾では生きていけなかったのである。戦地から持ち帰った戦闘帽も水筒も隠し、アルバムから写真を剝ぎ取り、貝のように口を閉ざした者もいた。

2　国共内戦に国民政府軍の一員として参戦

兵員募集

元高砂義勇隊員などの一部が、今度は国民政府軍の一員として中国共産党軍（以下、中共軍）と戦わざるを得なくなるという事態が起こった。この事実は見逃すことのできない重要問題である。

「光復」（植民地台湾の解放）後、蔣介石は台湾に進駐させた国民政府軍を第七〇師と第六二軍に整理編制した。台湾の至る所で兵員募集が実施されたが、特に辺鄙《へんぴ》な郷村や山地に重点が置かれた結果、原住民の人数が最も多かった。「高給だ」とか、「国語（中国語）を学べる」とか、「土地がもらえる」とかと騙して中国に連れていき「共匪《きょうひ》」（中共）と戦わせようと画策したのだ。第一段階（一九四五年一〇月から四七年二月）の台湾青年は国民政府軍第七〇師、第六二軍（後の第六二師）などの所属となった。第二段階（四七年三月から四九年国民政府の台湾への撤退まで）の台湾青年の大多数は陸軍第二一師、海軍技術員兵大隊、および第七四師の所属となった。ごく少数の技術陣を除けば、絶対多数は脅迫、強制によって、あるいは騙して、連れていかれた者である。なぜなら二二八事件（台湾を日本植民地から解放したはずの蔣介石・国民政府が強制的支配をしようとし、それに反発した台湾民衆が、四七年二月、台湾全土で反抗した。国民政府はそれを徹底的に鎮圧、数万人の台湾民衆が殺害されたという大事件）後、台湾民衆は蔣介石・国民政府を信用しておらず、入隊を願う者はいなかったからである。

例えば、タイヤル族の霧達《ウダ》・欧敏《オウミン》（原住民名の漢字表記）の回想によれば、

――私は「高砂特別突撃隊員」で、四五年八月台湾に戻った。同年一〇月、原住民部落にトラック三台がやって来た。トラックの上で多くの「漢人」（大陸系と考えられる）が（中国語で）演説したが、私はタイヤル語と日本語しか分からないため、聞き取れなかった。その後、一人の「漢族」（台湾系の閩南人か客家）が日本語に通訳した。そこで、私は初めて日本が投降したことを知った。われわれのことを「台湾同胞」と言ったので安心した。続けて「漢人」は「国民政府は皆に台湾防衛を求めている」と言った。「国語（中国語）を学べるし、三年間の兵役後、除隊か、兵役を続けるかを選択できる。台湾を離れる必要もなく、月給も高いし、将来、将官に昇級することもできる」と。

当時、台湾省行政長官に就任した陳儀による台湾接収後、混乱し、工場は操業を停止したので、生活が困難だった。そのうえ、日本軍に徴用された青少年が海外から続々と帰ってきた。この結果、失業者も異常なほど多かった。そこで、募集に応じた。当時、私は満一八歳になったばかりだった。私は二ヵ月前まで日本軍服を着ていたが、今度は国民政府軍の軍服を着た。「日本皇民」から「炎黄（炎帝、黄帝は中国古代の伝説上の帝王で、漢民族の始祖と称される）の子孫」となり、複雑な心境だった。一週間後、列車で高雄の鳳山に行き、約八、九ヵ月間の訓練を受けた。その後、港まで行軍させられたが、道の両側には銃を持った国民政府軍の兵士がおり、輸送船上の機関銃はわれわれに向けられていた。乗船後、最下層の船室に押し込められたが、そこには数千人が監禁されていた。

夜になると、幾人かが「大小便に行く」という口実で甲板に出ると、そこから海に飛び込んで逃げようとした。すると、艦上から機関銃が掃射され、高雄港の海水が血で染まった。捕らえられた者は吊るされ、革バンドで鞭打たれた。私は泳げなかったので海には飛び込まなかった。三、四日後、高雄港から出航した。数日後、甲板に出ることが許され、新鮮な空気をやっと吸えた。遠方に陸地が見えたので、台湾に戻ったと思い喜んだ。ところが「あれは大陸だ。お前たちの祖国だ」と言う。そして、「共匪は非常に悪い。高砂族は第二次世界大戦でアメリカ軍に打撃を加えた。勇猛で共匪と十分に戦えるだろう」と。

国共内戦・朝鮮戦争・文化大革命

霧達《ウダ》・欧敏《オウミン》らが中国大陸に上陸したのは四六年八月のことである。そして、第六二軍、および独立九五師に入隊させられた。その後、第七〇師も整理編制されたが、台湾青年が最も多かった。中国の前線、秦皇島《しんこうとう》から上陸し、天津で命令を待った。四八年九月、部隊は塘沽《タング》に移動し、まず中共軍と塘山《とうざん》戦役を戦った。中共軍は強く、国民政府軍では相手にならなかった。ただし台湾原住民は日本軍で訓練を受けており、戦場で生死を賭けて戦った経験があり、互角に交戦したが、戦死者も多かった。中共軍は東北（満洲）をほぼ占領後、長城線を越えて天津・北平（北京）の二方向に分けて進撃し、平津戦役が始まった。四九年六月一五日、天津は陥落し、天津警備司令陳長捷と守備軍一〇万人余がすべて捕虜となった。そのうちには台湾青年が非常に多く、その大部分が台湾原住民だった。その後、今度は中共軍に編入され、「解放戦争」を戦い、さらに抗米援朝戦争・朝鮮戦争に投入された。「結局、われわれは誰のために（何のために）戦ったのか分からない」と言う。

――しかし、苦痛はそれで終わったわけではない。六六年、中国でプロレタリア文化大革命が開始されると、日本軍に参加していたということで、元台湾兵は闘争の対象とされた。この時期がある意味で最も悲惨で、自らの尊厳を失った時期である。元台湾兵の九割以上が「反革命分子」、「日本軍閥残存分子」、「国民党特務」、「台湾特務」、「黒五類」などの罪名を着せられ、重い者は牢獄に繫がれ、あるいは辺境に下放された。軽い者でも監視され、街で侮辱を受けた。台湾原住民は日本統治時代に多くが高砂義勇隊員であったことから、ほとんどが重罪となり、禁固一〇年以上の判決を受けたり、下放されたりした。幾人かの台湾人は苦しみに耐えきれず自殺した。苦しくなると、私（霧達・欧敏）は母が待つ故郷に帰ろうと思い、また国民党政権の非人道的なやり方を思い出し、決して死ぬことはできないと考えた。こうして一九八八年、許昭栄が北京で発起した「滞留大陸台籍老兵要回家」（大陸滞留の台湾籍老兵を故郷に返す）の署名運動などもあり、九四年、やっと台湾に帰還できた（『回帰歴史真相』、原住民族出版社、一九九四年）。

3　敗戦日本の対応

戦後補償問題

終戦、すなわち日本敗戦の報《しら》せは、すでに述べたように、ジャングルのすみずみまで伝わったわけではなかった。戦後一二年間、モロタイ島のジャングルに隠れていた高砂義勇隊員であるタイヤル族（セデック族）のワリス・スエンら六人が出現し、日本に生還した。彼ら以外にも、終戦を知らずにジャングルに隠れ、もしくは知っても帰還する機会を失い、旧戦地の島々に長年留まっていた例も少なくないと思われる。最終的に帰還できず、もしくは終戦を知らずにジャングルで遺骨になってしまった人々も多数いたであろう。

日本で有名なのが、台東県のアミ族スニヨン（日本名「中村輝夫」一等兵。第七回高砂義勇隊員か）の事例であろう。スニヨンは一九四四年九月、歩哨勤務の時、「逃亡兵を殺害せよ」との厳命を受け、その任に耐えきれず、ジャングルの中に姿を消したとされる。その後、日本敗戦を知らずに実に約三〇年間、独りインドネシアのモロタイ島に隠れていたのを、七四年一二月に発見された。台湾に戻ると、妻は再婚していた。そのうえ、日本政府の処遇は冷たかった。

同時期の七二年に、やはり終戦を知らずに潜伏していた横井庄一軍曹がグアム島から二八年ぶりに帰国した。続いてやはり終戦を知らず、ルバング島で戦闘を続けた小野田寛郎少尉（陸軍中野学校卒。四四年一二月、第一四方面軍情報部所属で「フィリピン防衛戦」においてゲリラ戦を指揮）が七四年、三〇年ぶりに帰国した。

彼ら旧日本兵と違い、スニヨンには台湾籍という理由で、帰還手当三万円と帰還までの給料三万八〇〇〇円の計六万八〇〇〇円しか支給されなかった。結局、世論の圧力もあり、日本側からは、インドネシア駐在大使館員によるカンパ六五〇米ドル、閣僚名義の一五〇万円、その他の寄付金七〇万円があったが、日本政府からは「見舞金」として二〇〇万円が贈られただけであった。もっとも台湾では同情もあり、各界から二〇〇万台湾元（当時の日本円で約一〇〇〇万円）を受け取った。

裁判

これを契機に台湾では、元日本兵やその遺族などにより戦後補償問題が論議されはじめた。そして、日本政府に対して遺族年金、軍人恩給、戦時郵便貯金、および未払い給料などの請求運動が起こった。そして、一九七七年八月に原告一三人が東京地裁に「一人当たり五〇〇万円」の補償を求めて提訴したが、棄却された。地裁判決では原告の立場に同情しながらも、これは立法の問題とし、その解決を日本政府や国会に委ねた。日本政府に早期の立法を求める超党派国会議員四九八人が署名して国会に議員提案をしたが、進展が見られなかった。他方、判決を不服として原告側はすぐに東京高裁に控訴した。

東京高裁では、ブヌン族のイヨン・ハバオ（高聡義）が日本兵として戦った台湾人の軍人、軍属、およびその遺族の代表として証言台に立ち、「わが家では三人が高砂義勇隊として南方で戦った。……（しかし日本政府は）われわれを見捨てて、何ら慰めの言葉もない」と語った。だが、八五年、原告敗訴。ただし判決は戦後補償を怠った日本国の道義上の責任を認めた。だが、財政事情や台湾以外の地域への影響を配慮して応じられないとした日本政府の主張を、「補償しないことを合理化する理由にならない」と批判した。そして、補償の立法化を日本政府と国会に勧告した。そこで、台湾で「台湾人元日本軍人補償請求訴訟団後援会」（会長イヨン・ハバオ）を設立し、七万人の署名を付して日本政府と国会に提出した。だが、九二年、最高裁で上告は棄却された。

ところで、日本の国会では議員立法によって、八八年「台湾住民である戦没者の遺族等に対する弔慰金等に関する法律」が成立し、戦死者・戦傷者に限って、「弔慰金・見舞金」の名目で、台湾人の元日本兵に一人当たり「二〇〇万円を支払う」ことを決議した。しかし、これは「補償金」（償い金）ではない。イヨン・ハバオは、以下のように主張する。

――われわれは「日本人」だったから戦場で命がけで戦った。国籍条項を楯に「現在は日本人ではないから該当しない」と言いわけをするのは許せない。戦争中は「一視同仁」、「天皇の赤子」と言って戦場に送り込み、終戦になると、台湾人は「日本人ではない」、「国籍がない」と言うが、なぜ国籍のない人間を日本は戦争に駆り出したのか。日本政府は旧日本人兵士には軍人恩給や遺族年金を支払っているわけだから、同等に扱うのは当然だ。

日本政府は他の日本植民地支配、軍政下における南洋各地の民衆などへの補償問題に波及することを恐れ、戦後賠償問題に真正面から取り組もうとせず、逃げの姿勢に終始した。その結果、日本国が犯した戦争犯罪を言いわけし、隠蔽し、もしくは真正面から向き合おうとしないことで、自らが起こした戦争を総括できていない。そのことがアジア諸国家・民族との泥沼のような論争を今も惹起《じやつき》しているのである。

靖国神社と遺骨収集

靖国神社には、日本兵として戦った「台湾人約二万八〇〇〇柱」(うち原住民約二〇〇〇柱か)が合祀されている。これに対して二〇〇二年八月、台湾原住民選出の立法委員である高金素梅が訪日し、「高砂義勇隊犠牲者家族代表」として、靖国神社からの合祀取り下げと、祖霊の返還を求めた。そして、大阪地裁に提訴したが、地裁は、「宗教的人格権」、「民族的人格権」の侵害とはいえないと退けた。同様な裁判が、松山、福岡、東京、千葉、那覇で続いた。このように、靖国神社問題は、台湾人戦没者の側面からも、まだ根本的に解決したとはいえない。いわば古くて新しい現在進行形のテーマである。

一九六三年から「八月一五日」に、世界大戦による日本内外の「戦没者三一〇万人」のため、東京で「全国戦没者追悼式」が挙行されている。遺骨収容のほうは五二年度から南方地域で開始され、九〇年代には旧ソ連地域、モンゴル抑留死亡者の遺骨収容も可能となった。二〇一六年には「戦没者の遺骨収集の推進に関する法律」も採択され、遺骨収集が国の責務とされた。厚生労働省によれば、戦没者の遺骨収集は戦友や現地政府からの情報で実施され、約三四万柱（二〇一七年現在）を収容した。しかし戦後七〇年以上も経過し、情報が減少した結果、未だ約六〇万柱が未収容であるとされる。特に南方地域（フィリピン、東部ニューギニア、ビスマーク・ソロモン諸島、インドネシアなど）での遺骨収集は困難な状況にある。そこで、南方地域では、今後の遺骨収集を促進するため、「平成一八（二〇〇六）年度から、民間団体等の協力を得ながら南洋各地で未収容遺骨の集中的な情報収集を実施」とある。なお、南洋各地に戦没者慰霊碑が建てられ、東部ニューギニア、フィリピンなどで慰霊巡拝もおこなわれている。

この場合、日本兵か否かを基準として遺骨収集をおこない、一般人の墓を暴いて「日本兵」の遺骨と偽証し、報奨金をもらう不心得者を阻止するため、DNA鑑定もおこなうようである。それはよしとして、その際、当時、植民地人であったがゆえに、無謀な日本の戦争に参戦し、情報戦・ゲリラ戦を戦った高砂義勇隊員の遺骨をどう扱うのか。病死、餓死、戦死し、苦悩に苦悩を重ねた高砂義勇隊員、高砂志願兵、台湾人（本省人）、および朝鮮兵の遺骨はどうなるのか。日本軍と戦った米豪連合軍兵士の遺骨はどうするのか。戦場にされたため、平和な生活を奪われ、恐怖のなかで亡くなった最大の被害者たる現地人の遺骨をどのように扱うのか。これは軽い問題ではなく、日本の過去、現在、未来の国家的質、姿勢を問う重要問題といえよう。

陸軍中野学校出身者の思い

では、当時高砂義勇隊などを実際に率い、ともに生死の淵で戦った陸軍中野学校出身者たちの気持ちはどうか。成合正治大尉(猛虎挺身隊を編制)は次のように述べる。

——台湾から大陸や南方戦線に駆り出されていった若者は二〇万人余を数え、厚生省の調査によると、戦没した者は三万余に上るとされる。彼らは皇軍の一員として征き、そして死んでいった。しかるに日本政府はその労に報いたであろうか。敗戦と同時に彼らは国籍を異にしているとの理由のみで、日本人としての処遇からはずされる運命となった。「私は今日の日本の繁栄の陰に、曾《かつ》ての同胞の尊い犠牲があったことを、声を大にして訴えたい」と強調し、日本政府のやり方はあまりに情がないと批判する。

また、台湾人元日本兵士の戦死傷補償請求裁判について、川島威伸元少佐は「残念乍《なが》ら敗訴となりました。今後の対応を検討する要を痛感する」と述べている(「高砂特別志願兵について」、前掲『高砂族兵士と共に』）。なお、川島第二遊撃隊の高砂義勇隊員の生還数は一七三人、戦死者・行方不明者一八九人である。さらに斉藤特別義勇隊の橋本末吉も「特に物資収集に優れ、山野で食べられる芋、草等を収集して来て最低限の食糧の確保に努めてくれた。最後に彼等の上に幸多き事を神に祈る」と（同前）。彼らは高砂義勇兵に対して感謝の念とともに、生死をともにした「戦友」としての意識を持っているようである。

元高砂義勇隊員の戦後

インタビューしたロシン・ユーラオは、戦後、農会や郷公所で会計の仕事をしていた。第一回高砂義勇隊員の武義徳は、蔣介石・国民党政権による一九五〇年代「白色テロ」に連座し、原住民に対する弾圧事件で入獄した。

ターナ・タイモ（日本名「林源治」）はニューギニアの斬込隊に参加しながらも奇跡的に生き残った一人である。日本敗戦後、同族兵士を引率して帰郷、郷土建設に尽力。その後、第一回台湾省参議院選挙に烏来郷郷民代表として出馬、郷土行政と郷民の保健衛生の向上に活躍した。晩年はタイヤル族文化の開発観光事業を興すため、梅山胞観光服務有限公司の初代理事長に就任した。

イヨン・ハバオ（高聡義）は日本植民地時代、日本人警官の養子だったので、戦後、国民政府の官吏養成機関に入って一ヵ月訓練を受けた。総督府での行政経験もあり、すぐに慣れた。日本植民地時代の台中州能高郡は南投県仁愛郷に名称変更をしたが、公選でこの仁愛郷の郷長に就任、これを三期、さらに県議三期を務めた。

アミ族の周政吉は戦後、鹿野《かの》国民学校（後の龍田《りゆうでん》国民小学）の教師、そして校長となった。「教育が人の運命を変える」と信じたからという。

帰国後、農民となり、椎茸《しいたけ》栽培に従事したタイヤル族もいる。このように、元高砂義勇隊員らは生還後、各種各様の仕事に就いたのである。

高砂義勇隊記念碑

一九九二年一一月、台湾県烏来観光中心区に高砂義勇隊記念碑が建立された。筆者は台湾を訪れた際、烏来の奥に位置するその記念碑を実際に見てきた。碑文によれば、「一九四一年から一九四五年の第二次世界大戦期間、熱情剛直な山地青年約六〇〇〇人前後が日本軍に召集され、南太平洋群島の戦役に参加した。その勇猛果敢な戦績は日本正規軍に勝り、そのことは周知の如きで賞讃に値する。不幸にして殺害された犠牲者は三、四千名の多きに上る。その魂は各地の戦野に漂い、（台湾の）墓地に帰る術もない。……高砂義勇隊慰霊碑建立委員会　主任周麗梅」。そこで、その魂を慰めるため、原住民のほとんどがキリスト教徒なので、その信仰に合致した記念碑を建てたとする。なお、周麗梅（旧日本名は「愛子」）は梅山胞観光服務有限公司第七代理事長である。

いま述べたとおり、現在、台湾原住民のほとんどがキリスト教徒である。そのことについて、ワタン・タンガ（林昭明）は「日本時代は天皇、キリスト教ではキリストが神であった。……タイヤル族には祖先信仰があり、「天は太陽、地は水」、すなわち、「太陽と水」が生命の根源であると考えてきた。だから、ある時は天皇、ある時はキリストであっても、タイヤル族は天皇、キリストを「太陽」と重ね合わせて祈った。時代が変わっても祖先、太陽、水への信仰は一貫して微動だにしない」と強調している。

おわりに

正規戦とゲリラ戦の関係を言えば、中国戦場では日本軍は優位な軍事力で「弱国中国」をねじ伏せようと主に正規戦戦術をとってきた。それに対して中国側は中国共産党軍の八路軍、新四軍は民衆をも巻き込んだゲリラ戦で日本軍を揺さぶった。また、国民政府軍は正規戦もしたが、やはりゲリラ戦も駆使した。ただし民衆は支援の位置にあった。日本軍には「アジア一」と称される近代的な武器装備と自らの工業力への過信があった。こうして、日本軍は中国側の戦略である長期持久戦に引きずり込まれ、中国側が戦術として駆使するゲリラ戦に悩まされ、翻弄され、泥沼戦場の中で自滅への途を辿ったが、自らゲリラ戦を駆使することはなかった。だが、南洋戦場はまったく様相を異にしていた。米豪連合軍に対して軍事力面で圧倒的に劣勢だったのである。したがって、日本軍は本格的にゲリラ戦法も採用した。その中心は陸軍中野学校出身者に率いられた少人数の高砂義勇隊、高砂志願兵によるものである。精神主義を過度に強調し、神風特攻隊をはじめとして、いわばゲリラ戦法をとったのである。日本軍が自らの軍事力を過信する中国戦場と、精神力を過度に強調する南洋戦場とで、ダブルスタンダードともいえるまったく異なった姿勢をとった。

ところで、高砂義勇隊の中核をなしたタイヤル族は、ガガを中心とする精神・組織機構を持ち、なかでも祭祀団体、狩猟団体が二本柱として特に重視された。また、不十分な食糧を分け合う「共食」形態が生まれた。上下関係は明確で、伝統的に独自な「法」と規則を有していた。武器は劣等だったが、戦闘になれば、すべての男は「兵士」になり、ゲリラ戦を戦った。「出草」（首狩り）も狩猟もあらゆる側面で男たちを「兵士」として鍛え上げた。かつまた、台湾の山岳地帯での各種形態の狩猟も軍事訓練となった。一九四一年、太平洋戦争が勃発し、日本は中国のみならず、アメリカという大国をも相手とせざるを得なくなった。こうして日本は人力不足から、植民地台湾からの本格的な動員を開始した。特にタイヤル族など台湾原住民は、南洋戦場で兵士として容易に適応できる資質を有しており、日本兵以上の働きをしたとされる。これら台湾原住民の伝統的な組織力、戦闘能力が南洋戦場で発揮されたといえよう。

なお、タイヤル族の精神的支柱は蕃刀であった。銃は日本統治下で回収されたが、蕃刀は生活必需品ということで没収されなかった。蕃刀は狩猟や、熱帯ジャングルの道なき道を雑木を伐り払いながら突き進むのにも便利であった。また、連合軍は圧倒的力量で日本軍を殲滅したとはいえ、首狩りを伴う「出草」はその方式ゆえに連合軍兵士を震え上がらせた。

盧溝橋事件後、特に太平洋戦争以後、台湾原住民は、主に「日本国家への忠」を証明できること、現金収入の増大や配給などの待遇改善、および差別解消という三つの相互に関連する目的から高砂義勇隊、陸海軍特別志願兵の募集に積極的に応じた。それは、台湾原住民にとって、当初は軍属とはいえ、非武装化から再武装化への再転換の大きな契機となった。そのうえ、原住民は日本人、本島人に比して相対的に身体能力が高く、軍人的資質に恵まれていたため、戦時期、その能力が高く評価される状況が生まれた。このことは、原住民にとって望外の喜びだった。ここで押さえておく必要があるのは、互いに異なる言語を有する台湾原住民の各種族が、共通語として日本語を用いることができるようになってコミュニケーションが基本的に可能となり、ほぼ日本語で、ひとまとまりの高砂義勇隊として行動できる基盤ができあがっていたことである。

さらに押さえておくべきことは、彼らは皇民化政策・同化政策に則り、間違いなく「日本人」になろうとしていたことである。日本語を話し、日本服を着て、また日本人のように考えることに懸命に努力した。だが、「日本人」になったつもりでも執拗な差別が残った。そのうえ、「日本人になること」は「天皇・日本国」に「忠」を示すためにも「死ぬこと」に直結していくことになるのである。

初期には日本軍は攻勢を続け、高砂義勇隊員で南洋から生還できた者も相対的に少なくなかった。彼らは台湾に帰還すると、「英雄的物語」や「日本軍の強さ」を語った。こうして、戦場での活動は誇張されて伝えられた。これによって銃後の活動は鼓舞され、戦意昂揚に利用された。もちろん家庭内では母親の反対もあったが、部落全体が出征を讃美した。だが、実際の戦場はまったく異なる様相を呈しており、悪化の一途を辿った。繰り返し述べたとおり、当初、高砂義勇隊員は軍夫として搬送、道路構築、飛行場造り、および塹壕掘りなどを主におこなっていたが、その後、情報活動に就き、兵士と同様にゲリラ戦、さらには特攻へと重点が移っていった。つまり、高砂義勇隊は軍夫から実際の兵士へと急速に変貌していった。だが、日本軍の台湾原住民に対する不信感が完全に払拭《ふっしょく》されたわけではなく、もともとは手榴弾を二つ渡されただけであった。したがって、彼らは蕃刀、手榴弾、爆薬だけで戦った。銃が渡されたのは、部隊によって異なるが、主にゲリラ戦が本格化する第五回高砂義勇隊以降と考えられる。

志願兵制度によって参戦した陸海軍高砂志願兵もおり、それらは離合集散しながら戦いつづけたとみなせる。ニューギニアでもフィリピンでも戦況悪化とともに爆撃により食糧倉庫が破壊され、日本軍からの補給も途絶え、極度の食糧不足に陥った。高砂義勇隊員は食糧確保が最重要任務に加えられ、多くの日本兵の命を救った。にもかかわらず、日本兵は次第に衰弱し、マラリアなど病魔に犯され、かつ餓死した。そうした極限の状況下で「人肉食」へと突き進んでいくのである。

日本は必然的に敗戦を迎えた。その時、少なくない日本兵が「集団自決」という道を選んだ。だが、高砂義勇隊員は敗戦がなぜ自殺と繋がるのかまったく理解できなかった。つまり日本兵と高砂義勇隊員との間には行動パターンに明確な相違があったといえよう。敗戦は、意識的にも無意識的にも高圧的だった一部の日本人上官への不満を表面化させ、ある時はそれを爆発させた。敗戦は「日本人であること」の否定と結びついたのである。だが、その一方、奇跡的に生き抜いた者は台湾に帰還すると同時に、日本統治から国民党政権に変わった政治体制下で翻弄《ほんろう》され、日本人が敗戦を感じたと同様、高砂義勇隊員も「敗戦」を実感し、のみならず国民党政権下では「敵日本軍への協力者」の烙印を押され、弾圧の対象ともなった。

看過できないことは、元義勇隊員などの悲劇はここで終わらなかったことである。すなわち、彼らの一部は国民党政権により旧日本軍で働いた戦闘実績をかわれ、中国大陸での国共内戦に駆り出され、中共軍と戦う羽目となった。そして、中共の捕虜となり、生き残った者は今度は朝鮮戦争に駆り出され、アメリカ軍と戦った。他方、国民党政権下での台湾では、原住民は「白色テロ」に巻き込まれた。そのうえ、日本との関係では台湾原住民に対する戦後補償問題が提起されたが、それに対して、日本政府は責任放棄という逃げの姿勢に終始し、旧日本植民地や軍政下の人々に対する冷たさを浮かび上がらせた。

最後に見逃せないのは、ニューギニアやフィリピンなどの現地人・原住民のことであろう。ほとんど無関係であったにもかかわらず、日本軍と連合軍の戦場とされたことで戦闘に巻き込まれ、生活は破壊され、落命した者も少なくない。この事実をどのように考えればよいのか。

主要文献と資料紹介

本書で使用した主な参考文献と資料は以下のとおりである。

中野交友会『高砂族兵士と共に――遊撃戦教育と遊撃戦』、一九八二年、防衛省防衛研究所戦史研究センター史料閲覧室所蔵
司令官安達二十三『第二十師団斉藤義勇隊等感状（一九四四年四月二九日〜一九四五年六月三〇日）』、同戦史研究センター史料閲覧室所蔵
台湾総督府官房情報課『大東亜戦争と台湾』、非売品、一九四三年
台湾総督府編『台湾統治概要』一九四五年／復刻版、原書房、一九七三年
台湾総督府台湾旧慣調査会著、中央研究学院民族学研究所編訳『番族慣習調査報告書――泰雅族』第一巻、一九九六年
防衛庁防衛研修所戦史室『戦史叢書 比島攻略作戦』朝雲新聞社、一九六六年
防衛庁防衛研修所戦史室『戦史叢書 南太平洋陸軍作戦』（1）（2）、朝雲新聞社、一九六八年
土橋和典『忠烈抜群・台湾高砂義勇兵の奮戦』、星雲社、一九九四年
林えいだい『証言 台湾高砂義勇隊』、草風館、一九九八年
柳本通彦『台湾原住民――山の女たちの「聖戦」』、現代書館、二〇〇〇年

門脇朝秀編『台湾 高砂義勇隊――その心には今なお日本が』、あけぼの会、一九九四年
門脇朝秀編『台湾の山地に旧高砂族を尋ねて』、あけぼの会、一九九九年
石橋孝『旧植民地の落し子――台湾「高砂義勇兵」は今』、創思社、一九九四年
飯田進『地獄の日本兵――ニューギニア戦線の真相』、新潮新書、二〇〇八年
蔡金鼎主編『征憶――高砂義勇隊与国共戦争時期原住民軍人口述歴史』、原住民委員会、二〇一五年
『回帰歴史真相――台湾原住民族百年口述歴史』、原住民族出版社、一九九四年
劉鳳翰『日軍在台湾』(上)(下)、国史館、一九九七年
菊池一隆『中国抗日軍事史 1937-1945』、有志舎、二〇〇九年
菊池一隆『台湾北部タイヤル族から見た近現代史――日本植民地時代から国民党政権時代の「白色テロ」へ』、集広舎、二〇一七年
菊池一隆『台湾原住民オーラルヒストリー――北部タイヤル族の和夫さんと日本人妻緑さん』、集広舎、二〇一七年

その他、『台湾日日新報』、『興南新聞』、『朝日新聞台湾版』、台湾警察協会『台湾警察時報』、台湾総督府臨時情報部『部報』、同警務局理蕃課『理蕃の友』等を参照した。

あとがき

私は本書を執筆しながら何度も、南洋戦場を食糧もなく、病気に冒され、彷徨《さまよ》う自分の姿を想像した。現実の南洋戦場は当然、想像を絶する泥沼のごとき悪夢の地獄絵図であったろう。執筆しながら日本兵の気持ちになり、ある時は高砂義勇隊の一員になり、また、ある時は突如として戦場とされたことで、一家全体が恐怖のどん底に突き落とされた現地人となった。そして、ある時は地上戦の遂行のため、ジャングルに分け入り、恐怖の中でかすかな音にも過敏に反応し、機銃をむやみに発砲する米豪連合軍の兵士の気持ちにもなった。誰が、何のために互いに殺戮するのか。「国家」という幻想を掲げて、その政権を支持しているか否かにかかわりなく、相互に殺戮を繰り返す。家庭に帰れば、よき父であり、兄であり、父母思いの優しい息子が、戦場で変貌しつづけ、敵と称する者を殺害し、殺されていく。否、戦死ではない。多くが食糧もなく体力も尽き、抵抗力のない身体を病魔が襲い、病死、餓死していくのである。そして、「人肉食」まで横行する。戦争とは何か。国とは何か。人間とは何か。そうした素朴だが根源的な問いが、頭の中を繰り返しよぎった。

従来、私は主に日中戦争、中国戦場の研究をしてきた。本書で扱った南洋戦場と、この二つの戦場は別々に論じられてきたが、横断的に繋げるとどのように見えるのか。日本軍の特質は何か。並行して進められた、この二つの戦場の共通性と差異は何か。時間があれば、この問題にもチャレンジしたい。

私は十数年来、台湾原住民であるタイヤル族のロシン・ユーラオ、ガヨ・ウープナ、ワタン・タンガ、ボート・タンガ、ベイホイ・タヤフ各氏らに対してインタビューを繰り返してきた。その詳細に関しては、拙著『台湾北部タイヤル族から見た近現代史』、『台湾原住民オーラルヒストリー』（いずれも、集広舎、二〇一七年）を参照していただきたい。本書でもロシン・ユーラオ氏らの関連するインタビューを織り交ぜ、導き手として、当時の状況をビビッドに再現しようとした。

私はこれまで専門書や概説などを多く出版してきた。だが、新書は初めての経験で、不慣れなこともあるが、限られた紙幅にどれだけのものを盛り込めばよいのか、内容を分かりやすくするためにはどうすればよいのかなど、試行錯誤の連続であった。そのため、思いのほか、時間もかかった。そうした際に、本書出版を励まし、応援してくれた長堀祐造

（慶應義塾大学）、工藤貴正（愛知県立大学）両氏に感謝したい。また、平凡社の保科孝夫氏にはお世話になった。心より謝意を表したい。

二〇一八年五月一日

菊池一隆

【著者】
菊池一隆（きくち かずたか）
1949年宮城県生まれ。筑波大学大学院歴史・人類学研究科（史学）博士課程単位取得満期退学。現在、愛知学院大学文学部教授。博士（文学）、博士（経済学）。主な著書に、『中国工業合作運動史の研究』『戦争と華僑』および同続編（以上、汲古書院）、『日本人反戦兵士と日中戦争』（御茶の水書房）、『中国初期協同組合史論1911-1928』（日本経済評論社）、『中国抗日軍事史1937-1945』（有志舎）、『東アジア歴史教科書問題の構図』（法律文化社）、『台湾北部タイヤル族から見た近現代史』『台湾原住民オーラルヒストリー』（以上、集広舎）などがある。

平凡社新書８８６

日本軍ゲリラ　台湾高砂義勇隊
台湾原住民の太平洋戦争

発行日——2018年７月13日　初版第１刷

著者——菊池一隆
発行者——下中美都
発行所——株式会社平凡社
東京都千代田区神田神保町3-29　〒101-0051
電話　東京（03）3230-6580［編集］
東京（03）3230-6573［営業］
振替　00180-0-29639
印刷・製本—図書印刷株式会社
装幀——菊地信義

ISBN978-4-582-85886-0
NDC 分類番号210.75　新書判（17.2cm）　総ページ216
平凡社ホームページ　http://www.heibonsha.co.jp/